Cyprien Robert

Les Albanais

Essai

ISBN : 978-1985688681

10 9 8 7 6 5 4 3 2 1

Cyprien Robert

Les Albanais

Essai

Table de Matières

Section I.

Sur la limite occidentale du monde gréco-slave, il existe un peuple qui, toujours sous les armes, forme au sein des provinces ottomanes une véritable caste de guerriers, non moins redoutable et plus libre que les castes militaires de l'Asie centrale. Ce peuple, qui a de tout temps exercé une influence prépondérante dans l'empire, fournit encore à la Turquie les meilleures et presque les seules troupes qui lui restent. Cette tribu de soldats, ce sont les *Albanais*, littéralement *les Blancs*, ou, selon le vrai sens de l'expression orientale, les *hommes indépendants*. Leur nationalité, d'origine mystérieuse, remonte jusqu'au temps des Pélages, et les races grecques et slaves ont sans doute trouvé dans l'Albanie leur berceau commun. En effet, le peuple des *Blancs* s'étendait autrefois sur la plus grande partie de la presqu'île gréco-slave, où son séjour est attesté par les noms albanais de plusieurs villes et bourgades qu'habitent aujourd'hui les Serbes ou les Hellènes. On trouve même encore sur plusieurs points de la Bulgarie, de la Macédoine et de la Bosnie, d'anciens villages où les Albanais sont mêlés aux *Tsintsars* (Slaves hellénisés). Bien que répandue sur un si vaste territoire, la race albanaise diminue visiblement, et on ne pourrait guère aujourd'hui compter plus d'un million et demi de véritables Albanais sur cette terre qui, il y a quarante-ans, sous. Ali de Janina, en nourrissait encore deux millions.

Plus voisine de l'Europe civilisée que la plupart des autres contrées de l'Orient, puisqu'elle n'est séparée de l'Italie que par un canal étroit, l'Albanie devrait recevoir de l'Occident une influence bienfaisante, et cependant c'est la partie de l'empire turc qui renferme le plus d'éléments de barbarie. D'où vient ce phénomènes ? Quelques-uns en croiront voir la raison dans cet attachement au système de tribus et de clans, qui s'est montré plus opiniâtre en Albanie que dans les autres provinces ottomanes. On aurait tort d'attribuer à cette cause la barbarie des Albanais : cette barbarie a pour principe, non pas simplement la vie de tribu, mais la vie de tribu guerrière, l'esprit inquiet des *ortas* ou des hordes. L'obstination de ce peuple à garder, même au sein de la paix, les mœurs militaires, a entravé chez lui tout développement, social. Ne pouvant porter la guerre au dehors, il a, comme l'Arabe des déserts, réagi contre lui-même :

il s'est décimé de plus en plus par de petits combats entre familles qui ont ouvert dans ses rangs de larges brèches où s'infiltrent les populations voisines ; et, en se multipliant, ces invasions inaperçues ont par degrés soumis l'Albanie à deux influences étrangères, l'une slave, l'autre hellénique, qui se disputent maintenant cette terre d'anarchie.

La race albanaise se désigne elle-même par deux noms généraux : le nom de *Mirdites*, dérivé du persan *mardaïtes* (brave), s'applique aujourd'hui à la partie la plus noble de la population, et semble, comme les mots *germain, slave, franc,* avoir été dans l'origine un titre d'honneur ; le nom de *Chkipetars* (habitants des rochers) désigne le peuple en général.

Hippocrate a parfaitement caractérisé les Albanais lorsqu'il a dit : « Tous ceux qui habitent un pays montueux, illégal, pourvu d'eau et soumis à ces variations fréquentes dans les saisons, doivent être naturellement d'une haute stature, très propres à l'exercice, pleins de courage, et d'un caractère sauvage et féroce. » On peut ajouter, pour désigner plus particulièrement l'Albanais, qu'il a les yeux petits, le regard droit et fixe, les sourcils minces, le nez effilé, la tête allongée, le front aplati, le cou très long, la poitrine énormément bombée, le reste du corps maigre et nerveux. Doué d'une prodigieuse souplesse de muscles, il porte dans sa démarche et ses attitudes l'air un peu théâtral d'un athlète de l'antiquité. Quoique plein d'esprit naturel, il n'a qu'une médiocre aptitude aux travaux de l'intelligence ; il est avant tout soldat : Suisse de l'Orient, il vend son sang à toutes les bannières, et sert avec une égale fidélité tous les maîtres. On le trouve parmi les gardes du pape et au palais de Naples, comme aux sérails de Bagdad, du Caire, de Maroc, et dans les salles des boyards moldo-valaques.

Chaque année, des enrôlements volontaires ont lieu dans les Albanies. Tout habitant riche a le droit de se faire *boulozik-bachi* ou capitaine ; il engage des hommes moyennant une somme débattue avec eux, puis il emmène cette bande d'aventuriers, qui est devenue sa famille d'adoption, et avec laquelle il va piller au loin ou se mettre au service des princes et des pachas étrangers. Les *pères adoptifs* de ces bandes partagent tout, fatigues et plaisirs, avec leurs enfants, dont ils ne se distinguent que par quelques armes plus riches et leur costume de brocard d'or et d'argent.

La paie des *boures* (braves) qui composent ces petites familles militaires est ordinairement de sept à neuf francs par mois, sans la nourriture. Enclins au pillage, c'est aux paysans qu'ils enlèvent ordinairement le peu de vivres nécessaires à leur table frugale. En guerre, leur avidité est sans bornes ; ils tombent sur tout vaincu en criant : *Aspra ! aspra ! i xilon, xilon, kai xilon* (de l'argent ! de l'argent ! ou voilà des coups, des coups !). Ils savent, dans le combat, tirer parti des moindres dispositions du sol ; ils connaissent par instinct tous les stratagèmes de la guerre de partisans, excellent à tromper l'ennemi par de fausses marches, à le prendre au dépourvu par des attaques soudaines, à couvrir avec peu de monde une immense étendue de terrain en établissant un réseau de petits postes qui tous communiquent ensemble au moyen d'éclaireurs infatigables. Quand ils dressent leurs embuscades, ils placent souvent leurs bonnets et leurs manteaux dans une direction tout opposée à celle où ils se cachent eux-mêmes. Couchés à plat-ventre, ou blottis derrière des arbres, ils ajustent leur ennemi avec une sûreté de coup d'œil étonnante. Le prennent-ils vivant, il devient esclave ; tombe-t-il mort, sa tête, coupée et salée, est emportée par les vainqueurs et plantée sur une lance dans leurs villages. Cette coutume est pratiquée même par les *boures* catholiques.

Les Albanais qui ne s'enrôlent pas militairement ne manquent guère de faire chaque année quelque tournée vagabonde, comme tailleurs, maçons ou faucheurs ; l'hiver, ils reviennent dans leurs foyers avec l'argent amassé. Cette existence errante et toujours en dehors de la société des femmes entraîne les Albanais, plus qu'aucun autre peuple de l'Europe, aux vices honteux que provoque ce genre de vie. Cependant ils ont de la franchise, tiennent la promesse donnée, et savent faire à leur ennemi une guerre ouverte. Les penchants vicieux des Albanais ne résistent pas d'ailleurs à l'influence du mariage, et la sévérité de leurs mœurs conjugales est très grande ; ceux même d'entr'eux qui professent l'islamisme n'ont qu'une seule épouse. La prostitution, dans ce pays, est presque inconnue, et la femme qui serait surprise en faute périrait massacrée avec l'homme qu'elle aurait séduit. Malgré cette rigidité de principes, l'Albanais connaît peu, les tourments de la jalousie ; il laisse sa compagne circuler partout sans voile. Comme chez toutes les races guerrières, les femmes sont ici méprisées et accablées de travaux. Elles arrosent la terre de leurs sueurs, et quelquefois même combattent dans les *faïdas* avec leurs époux. Ces énergiques créatures mériteraient un meilleur sort ; car à une beauté souvent admirable, et que la vieillesse même ne parvient pas toujours à flétrir, elles joignent toutes les vertus domestiques. Chaque maison, dans cet étrange pays, est comme un petit fort garni de meurtrières qui lui servent en même temps de fenêtres. Pâties en argile, ces demeures sont toujours isolées, et, autant que possible, élevées sur un monticule où l'on n'arrive que par un escalier qui, le plus souvent, aboutit à une échelle, seul moyen de s'introduire dans ces nids de vautours. Les appartements sont à peu près sans meubles et quelquefois sans portes ; la fumée n'a pour s'échapper d'autre issue qu'un trou dans le plafond. Les fenêtres ne sont jamais garnies de vitres ; seulement, l'hiver, on les clôt avec du papier. Les sérails des principaux beys sont seuls un peu plus ornés ; peints à l'extérieur de couleurs éclatantes, ils offrent à l'intérieur une profusion d'arabesques, de marines, de dessins d'architecture orientale, de scènes de chasse et de paysages souvent assez gracieux, exécutés par des rayas grecs.

La magnificence du costume albanais est pour ainsi dire proverbiale ; ce n'est pourtant, au fond, qu'une variante du costume grec. Leur justaucorps étincelant de boutons dorés et de broderies en soie de toutes couleurs descend du cou jusqu'à la ceinture ; il dessine admirablement leur taille et tous leurs mouvements. Les deux manches, le plus souvent ouvertes et détachées des bras, flottent comme deux ailes derrière les épaules. Mais ce qui caractérise avant tout l'enfant des *phis* (clans) albanais, c'est le *phistan*, qui rappelle le *kilt* des anciens Celtes et la jupe courte des soldats romains. Le phistan ou la *foustanelle* se compose de cent vingt-deux morceaux de toile, coupés en biais et très larges aux extrémités inférieures, où ils forment des plis innombrables. Longue de près de deux pieds cette espèce de tunique, ornée d'un feston de soie brodé à jour, se serre autour des hanches avec une coulisse ; elle prête à la démarche un caractère de légèreté et de force qui frappe l'étranger.[1] On doit avouer, à la honte des guerriers albanais, que les foustanelles blanches et propres sont rares ; un

---

1 Malgré son ampleur, un beau phistan ne se vend guère que 15 francs. Il est très utile au voyageur de prendre le phistan en Albanie.

brave se vante de n'en avoir qu'une, et de la porter sans jamais en changer jusqu'à ce qu'elle tombe en lambeaux ; il croit montrer par là qu'il dédaigne la mollesse et le luxe. Les Albanais se rasent la tête comme les Turcs, avec cette seule différence qu'ils laissent flotter par derrière, dans toute sa longueur, une touffe de cheveux qu'ils ne coupent mais. La coiffure ordinaire est le *fez* rouge ; les ulémas se réservent le turban ainsi que le droit de porter la barbe ; les autres Albanais ne laissent croître que leurs moustaches. La coiffure des femmes ne diffère de celle des hommes que par les pièces de monnaie dont elle est ornée, et par les tresses abondantes qui s'en échappent de tous côtés. La chaussure des guerriers est une espèce de guêtre en drap, garnie d'agrafes et de galons de soie, et imitée du cothurne antique ; elle descend du genou jusqu'au pied, qui est recouvert tantôt d'un soulier de maroquin rouge, tantôt d'un simple morceau de cuir non tanné, attaché comme une sandale autour de la jambe avec des cordons. Les Albanais n'ont d'autre lit que la terre, sur laquelle ils étendent une natte en feuilles de palmier ou quelque riche tapis rapporté du pillage d'une ville asiatique ; ils dorment tout habillés, après s'être fait un oreiller de leur *abas*, manteau en poil de chèvre ou simplement en peau de mouton. Ils ne sont pas plus délicats pour la nourriture que pour le coucher. En voyage, ils ne font qu'un seul repas ; dans leurs foyers, une soupe de riz ou de farine de maïs délayée avec du lait leur suffit. Seulement, aux jours de fête, paraissent le *yahhni*, ragoût de viande cuite avec des pois secs, le *pilaw* turc et le *kotché* (grand rôti), consistant en une chèvre ou un mouton servi entier, sur un plateau de bois de chêne, aux *boures* rangés en cercle, qui le dépècent avec leurs poignards, et l'ont bientôt dévoré, sans avoir besoin de fourchettes. Comme chez les Bosniaques, le banquet se termine par des morceaux de miel mêlés de crème. Malgré leur apparence barbare, ces fêtes ne sont pas sans grandeur. L'Européen s'étonne de cette franche gaieté qui n'exclut pas des manières dignes : il contemple ces files de domestiques, debout, les mains croisées sur la poitrine, — les serviettes brodées d'or qui se déroulent d'un convive à l'autre, — les vastes coupes de cristal enrichies de pierreries, qui circulent au milieu des toasts, — les aiguières de vermeil, contenant l'eau chaude que les jeunes femmes, après le repas, versent sur les mains et la tête des conviés, — enfin les danses mimiques exécutées devant l'assemblée. Tout rappelle au voyageur les mœurs antiques, tout concourt à le charmer. Cependant sa joie fait bientôt place à une pitié douloureuse, quand il voit le père de famille rassembler avec un superstitieux respect les omoplates du mouton immolé, et les présenter à la lumière du soleil pour y lire, comme un aruspice, les destinées de sa race.

Ces repas sont souvent accompagnés de chants. Chaque clan a son barde, qui est d'ordinaire quelque vieillard de la famille ; le barde chante à ses petits neveux les exploits de leurs ancêtres et ceux du chef actuel de la tribu, hauts faits trop souvent souillés de cruautés et de perfidies atroces aux yeux d'un homme civilisé, mais qui, dans les idées de ce peuple, n'ont rien de déshonorant. Ces chants, divisés par couplets, sont en quelque sorte psalmodiés sur un air monotone, interrompu, à intervalles réglés, par des cris perçants. Leur *brokovalas*, marche militaire que chantaient déjà les compagnons de Skanderberg en allant au combat, et qui remonte peut-être jusqu'à Pyrrhus, est d'un effet réellement terrible.

Le genre de vie des Albanais les rend nécessairement robustes, insensibles aux intempéries des climats comme à toutes les vicissitudes des saisons. La crise qui termine leur existence est presque toujours la seule maladie qu'ils aient à traverser dans leur vie ; aussi dédaignent-ils souverainement les médecins. Il y a pour tout le pays une dizaine au plus de docteurs grecs, élèves des écoles de Pise, de Vienne et de Paris. Quant à la chirurgie, elle est complètement abandonnée aux sorciers, qui, au moyen de leurs onguents et de quelques prières cabalistiques, prétendent guérir toutes les blessures. La pépinière principale de ces *kaloiatri*, chirurgiens populaires, est le district du Zagoci, dans la chaîne du Pinde ; là se sont conservées mille pratiques traditionnelles dont les effets, il faut l'avouer, sont quelquefois merveilleux. Les *kaloiatri* savent, avec leurs simples, faire disparaître les traces les plus horribles du sabre ; ce qu'il y a d'étrange, c'est que dans ce cas ils ne permettent aux blessés d'autre breuvage que l'eau-de-vie, afin, disent-ils, de tenir les chairs vives et d'éviter la gangrène. Les maladies chroniques sont moins soignées ; on se borne souvent à porter ceux qui en sont atteints à l'église du village, où le *papas* récite sur eux des prières ; si leur état est trop grave pour permettre le transport, on se borne à envoyer leurs habits au saint lieu. Parfois les musulmans eux-mêmes ont recours à ces pieuses pratiques. Pendant leur grossesse, les femmes ne changent rien à leurs occupations habituelles ; elles accouchent quelquefois au milieu même de leurs travaux champêtres ; alors, mettant le nouveau-né dans leur giron, elles se hâtent de rentrer au logis et de s'aliter, quoiqu'elles ne souffrent point ; c'est une loi que l'accouchée reste invisible pendant quelques jours. Durant sept nuits, tous les voisins viennent faire tapage autour de sa demeure pour l'empêcher de dormir, elle et son enfant, dans la crainte des mauvais charmes que les démons pourraient jeter sur leur sommeil. Les malades furieux ou les *possédés* ne sont traités que par les moines, qui les mettent aux fers et les frappent de verges jusqu'à ce qu'ils aient confessé tous les noms des diables qui sont entrés en eux ; ces noms sont ensuite écrits, avec des anathèmes, sur des morceaux de papier qu'on livre aux flammes.

On ne saurait énumérer les mille superstitions des Albanais. Le prêtre maudit solennellement les insectes des champs, conjure la grêle, éloigne les orages. On trouve souvent, le long des routes, les arbres garnis de pierres à l'intersection de leurs branches : ce sont des *ex-voto* que les gens du peuple, durant leurs voyages, suspendent ainsi dans l'espoir que les génies des forêts, touchés de cette offrande, délivreront leurs membres de la lassitude qui les accable. On voit aussi fréquemment, au-dessus des fontaines, une niche vide qui semble attendre une statue ; celui qui vient se désaltérer à la source dépose dans la niche une fleur, un caillou, une branche verte, quelques poils de sa barbe, comme don et hommage au bon génie (*kalodaimon*) du désert. L'Albanais a surtout peur du *mauvais œil*. Dès qu'il croit avoir été frappé d'un de ces regards maudits, il a soin de toucher du fer et de tirer un coup de pistolet, sans quoi il s'égarerait infailliblement sur sa route, trébucherait au bord des abîmes, et tomberait dans les fondrières où croupissent les *vroko-laks*, esprits vampires et buveurs de sang. Bien différent des *voud-kod-laks* du peuple serbe, qui sont seulement des hommes morts ou vivants dont un démon rôdeur et homicide s'est momentanément emparé, le *vroko-lak* est un esprit indestructible ; il sort parfois de terre, sous la forme d'un serpent noir, pour aller piquer les hommes qui font la sieste couchés sur l'herbe ; la plus grande imprécation est de jurer par ce serpent.

Quand l'Albanais part pour un long voyage, sa femme lui coud dans ses habits quelques fragments de ses propres vêtements, et reste elle-même environnée des objets les plus chers à son époux ; sans cesse elle consulte ces objets pour en tirer des présages. Elle s'abandonne aux plus vives angoisses, si les chiens aboient la nuit sans motif apparent, car elle croit qu'ils répondent aux soupirs de leur maître, fait prisonnier en ce moment, et peut-être massacré dans les sables de Tunis ou de Palmyre. Toutes ces superstitions s'expliquent par la barbarie des Albanais beaucoup mieux que par leur éducation orientale. L'influence de l'Orient se fait peut-être moins sentir dans leurs usages que celle de l'ancienne Europe. Rien n'est plus contraire, par exemple, aux idées du pieux Orient que la chasse, et cet exercice, si cher au baron germanique, est cependant le plaisir favori de l'Albanais. La patrie des Mirdites est le seul pays turc de mœurs assez peu orientales pour que, du temps d'Ali-Pacha, on y pût voir sans horreur des combats d'animaux.

Ce peuple ne connaît guère, que la vie pastorale ; il dédaigne l'exercice des métiers. Les jeunes gens errent avec leurs troupeaux dans les montagnes, pendant que les beys, ou chefs des petits clans, occupent les *palankes*. L'habitant de la Haute-Albanie cultive cependant des vignobles, et celui de l'Épire des plants d'oliviers ; ils coupent aussi les chênes de leurs forêts et les transportent vers la côte, où ils les vendent aux commissaires de marine autrichiens et anglais. Les Albanais hellénisés de certaines villes, comme ceux de Janina, s'adonnent au contraire exclusivement aux métiers ; ce sont les artistes de la Turquie d'Europe ; ils en parcourent toutes les provinces, et souvent on y voit leurs confréries errantes, pareilles à ces prières boiteuses d'Homère qui suivent les traces de l'Injure, entreprendre de reconstruire les villes que leurs compatriotes, les patres guerriers, ont détruites.

Chaque famille nombreuse a son écusson, et chaque tribu sa bannière, qu'elle confie à ses enfants lorsqu'ils partent en troupes pour des expéditions lointaines. L'équipement de ces bandes, toujours irrégulières, consiste en un coutelas ou *handchar* à manche orné, s'il se peut, d'argent ou de nacre de perle, en deux ou trois pistolets fort longs, à poignée de cuivre très aiguë, et en un fusil ordinairement damasquiné. Les armes les plus recherchées sont la carabine, appelée *djeferdan*, et le grand fusil albanais, dit *arnaoutka*, du poids de douze livres, dont trente anneaux soutiennent le canon, qui porte à trois cents pas de distance. Les Albanais, ignorent l'usage des baïonnettes et se servent pour les pistolets des mêmes cartouches que pour les fusils. Les chefs revêtent encore quelquefois le riche *toké* du moyen-âge, cuirasse bosniaque à mailles d'argent ou de vermeil, avec des espèces d'ailes aux épaules ; mais les plaques métalliques dont ces cuirasses d'apparat se composent sont si minces, qu'elles pareraient à peine un coup de sabre. Pour se préserver des blessures, chaque guerrier a surtout confiance dans des amulettes qu'il ne quitte jamais, et qui souvent se transmettent de père en fils.

Heureux et fiers de vivre dans les camps, ces hommes y puisent une vigueur nouvelle : sur dix mille Albanais allant au combat, on ne trouverait pas trente malades. Mais, si le temps de leur engagement expire tandis qu'ils sont loin de leur pays, on ne retiendrait pas facilement sous le drapeau les orgueilleux Chkipetars. Cet orgueil national leur fait mépriser profondément les Turcs : *Osmanliseinai kalos dia to tchorba*, — l'Osmanli n'est bon qu'au plat, disent-ils. A plus forte raison dédaignent-ils l'Européen ; ils n'ont foi que dans leur propre race ou dans ceux qui se sont faits les fils adoptifs de leurs tribus.

L'organisation sociale des Albanais ne peut guère se définir d'une manière précise, car elle renferme presque toutes les formes de gouvernement, sans qu'une seule y soit prépondérante. En réalité, le peuple albanais est l'unique association d'hommes vivant actuellement en Europe comme vivaient nos pères au temps de l'anarchie féodale et des courses normandes. L'autorité civile n'étant fondée que sur le droit du sabre, tout chef de guerre devient juge en temps de paix, et revêt, quelque jeune qu'il soit, le caractère religieux d'un vieillard, d'un patriarche antique. Il est suivi à l'église, comme au camp, avec le plus entier dévouement par tous les membres de sa tribu, qu'il est en retour obligé de traiter comme ses propres enfants. Le clan albanais s'appelle *phar* ou *djeta* mots dérivés l'un du grec, l'autre du slavon, et qui signifient le foyer ou la famille. Partout où ce peuple a vécu en contact direct avec l'Européen, comme dans les îles ci-devant vénitiennes et dans le royaume de Naples, qui renferme de nombreuses colonies albanaises, les *phars* ont pris peu à peu les formes féodales ; mais dans l'Albanie intérieure ils ont conservé le caractère démocratique inhérent à toutes ces populations.

Par un esprit de famille trop exclusif, les Albanais se sont, pour ainsi dire, parqués en une foule de petits foyers ou phars. Chacun de ces groupes, occupant sa *koula* (tour fortifiée), croit, à l'abri de ses créneaux, pouvoir défier les autres, et, par un amour exagéré de la famille, refuse d'accorder justice aux phars voisins qu'un de ses membres a lésés. Ainsi l'excès de liberté et de puissance de la famille rend nécessaire la justice privée : dès-lors un seul meurtre en amène souvent des centaines, commis par représailles. Ces *faïdas* domestiques s'appellent *tcheta*, mot tatare encore usité chez les Turcomans de l'Anatolie pour désigner l'attaque des caravanes marchandes.[1] L'embuscade dressée pendant la *tcheta* prend le nom de *tchak*. Ce qui se passe actuellement en Algérie, entre les tribus amies de la France et les tribus ennemies, peut donner une idée des razzias d'Albanie, de l'Hertsegovine et du Monténégro. Les phars en guerre s'enlèvent leurs troupeaux, détruisent leurs maisons, déracinent leurs arbres fruitiers ; on n'épargne que les églises et les femmes. Au milieu des plus furieuses tchetas, la femme reste sacrée et peut circuler librement d'un village à l'autre.

Deux Albanais de clans différents ne s'abordent guère qu'en se demandant : *Koum phis* ? de quel feu ou de quelle race ? et ils prononcent ces mots la main posée sur leurs pistolets, chacun pensant que peut-être la tribu de l'inconnu doit une tête à la sienne. Toute la morale sociale de ces peuples repose sur la terrible maxime *Ko ne se osveti, on ne se posveti*, — qui ne se venge pas ne se sanctifie pas, — c'est-à-dire sera damné pour avoir encouragé par sa lâcheté la violence des autres. C'est le plus proche parent de la victime qui est tenu de la venger ; si de deux frères l'un tue son père, le devoir de l'autre est d'immoler aux mânes paternels son propre frère ; s'il ne le fait pas, son fils le remplace dans l'accomplissement de la vengeance, et ainsi de suite jusqu'au dernier rejeton de la race. Au lit de mort, un vieillard énumère les têtes moissonnées dans son clan, et recommande *pieusement* à ses fils les vengeances qu'ils auront à poursuivre. Quand le phar attaqué est très considérable, on voit quelquefois plusieurs centaines d'hommes se ruer les uns contre les autres. Il y a aussi des tchetas nationales dirigées contre

---

1 En vieux ilirien, *chteta* signifie pillage, et *chtetovati* aller en maraude.

les provinces voisines, la Bosnie, la Macédoine, le Monténégro. Une tcheta complète de ce dernier genre se compose d'au moins trois mille braves qui, formant trois corps, vont fièrement et en plein jour donner l'assaut à une forteresse ennemie. Les habitants, s'ils n'ont pu s'embusquer dans quelque défilé hors de leur ville, pour fusiller l'assaillant au passage, se barricadent chez eux, et attendent l'arrivée de leurs confédérés. Les tchetas se font souvent par mer chez les Albanais des côtes, par exemple chez ceux du golfe de Polo, si redoutés des Grecs thessaliens et chez ceux de l'Acrocéraunie. Effleurant l'onde avec une effrayante rapidité, leurs tartanes (barques à voiles latines), qui cachent leur destination sous les doux noms de *biches, colombes, chevrettes*, dérobent à toute poursuite les plus cruels forbans de la Méditerranée. D'autres tchetas ont pour unique but le pillage aux frontières ; on les appelle du nom mélancolique de corvée (*kourbeta*), et on plaint ceux qui y vont, à peu près comme dans les états romains le peuple sympathise avec les *poveri brigandi*.

Les tchetas sont soumises d'ailleurs, comme les *faïdas* de la chevalerie féodale, à de nombreuses restrictions d'honneur : ainsi, durant les vendanges, les semailles et autres travaux champêtres, on ne peut s'attaquer dans les champs ; ce n'est qu'au village qu'on se fusille, et même quand le vaincu crie *Nu vras* (ne tue pas), son adversaire doit aussitôt abdiquer toute sa fureur. S'il arrive qu'un voyageur soit surpris au milieu de ces mêlées, on interrompt le feu à son approche, on l'escorte même. Dans le cas d'attaque d'un ennemi étranger, tous ces faïdas cessent spontanément ; enfin, dès qu'un phar plus faible est menacé par son rival d'une destruction entière, les phars voisins s'unissent et forcent le vainqueur à souscrire la paix.

Les traités entre phars se concluent par l'intermédiaire des *pliaks* ou vieillards ; ils s'assemblent d'ordinaire au nombre de douze ou de vingt-quatre, et se rangeant, assis en cercle, sur un monticule, ils forment ce qu'on appelle le *krveno kolo* (la ronde du sang), présidée par le papas du phar qui demande vengeance. Les cloches du village sonnent, les femmes arrivent dans leurs plus riches atours, des prières solennelles sont récitées devant l'église pavoisée de drapeau. Douze mères du phar offenseur, tenant au sein leurs nourrissons, gémissent prosternées aux pieds de l'offensé.

Pendant ce temps, les juges du kola débattent la *krvina*, prix du sang. Toutes les blessures, tous les morts sont minutieusement comptés et taxés à un prix qui rappelle les amendes pour meurtre du vieux code germanique et franc, et les premières lois russes dites *pravda russkaïa*. Il faut enfin que l'offenseur paraisse, ayant suspendue au cou l'arme de l'offense ; il se traîne sur les genoux jusqu'au papas, qui lui ôte cette arme et la jette au loin ; les parents de l'offensé s'en saisissent et la brisent. Le chef de la famille trépigne, pleure, regarde le ciel, et à l'offenseur suppliant qui embrasse ses genoux il répond : Mon âme n'est pas prête. Quand il est enfin résigné à pardonner, il relève son rival en fondant en larmes, le presse sur son sein, et va se jeter avec lui dans les bras du papas réconciliateur. Une paix éternelle est jurée par les deux phars, qui deviennent d'autant plus amis, disent-ils *leur sang s'est mêlé* ; l'offensé est choisi pour parrain du premier enfant qui naîtra dans le phar offenseur. Ce dernier donne un splendide repas, où des moutons, quelquefois même des bœufs entiers, sont servis au milieu des danses ; puis, avant de prendre congé de l'assemblée, l'offensé remet à son rival une partie, souvent la totalité du prix de la rançon.

On conçoit qu'un tel état social rende impassible en Albanie toute administration régulière ; aussi la Porte s'y montre-t-elle depuis longtemps l'ennemie la plus acharnée de la vie de clan. Ce qu'elle poursuit surtout par le cordon comme par le glaive, ce sont les clans féodalement organisés avec des chefs ou beys héréditaires. La presque totalité des beyliks est aujourd'hui supprimes ; il n'en reste plus que d'insignifiants, tels que ceux de Kastoria, d'Antivari, et quelques autres ; mais des milliers de beys dépossédés de leurs châteaux vivent avec leurs clients dans les montagnes, et, quoique réduits à garder les moutons, ils n'ont pas cessé de se croire souverains. Aussitôt que l'un d'eux est parvenu à réunir une bande de guerriers assez imposante, il place des sentinelles à l'entrée de ses pâturages et des gorges calcaires qui protègent sa bande, puis il se proclame de nouveau indépendant. Dès-lors son clan est regardé comme un champ d'asile ; quiconque y entre, en fuyant des maîtres, est embrassé comme frère, reçoit, sous le nom d'*ouskok*, une hutte et un troupeau, et veille comme garde avancée. Ces petits clans sont-ils dispersés par le *nizam* impérial, les guerriers qui ne veulent pas cesser de vivre en *Albanais* ou en *hommes blancs* et libres, passent chez les *noirs* émancipés, c'est-à-dire, dans le Monténégro, qui garantit à tous, musulmans et chrétiens, une existence domestique inviolable.

Telle est la vie intérieure des Albanais ; ceux qui ont passé aux mœurs helléniques jouissent seuls d'une organisation sociale supérieure à l'état de clan ; seuls ils ont l'idée de la *cité*, qui prépare aux idées de *patrie*. Toutefois cette cité ou commune offre encore plus d'une trace des mœurs patriarcales : ses gardes civiques ou *armatoles* ont, il est vrai, des *kephalades* (capitaines) élus par tous ; mais l'évêque y remplace le père de famille, et y prononce presque en juge absolu, comme l'indique son titre de *despote*. Ainsi, dans la cité, au lieu d'être, comme dans le clan, un parc de bergers, le champ d'asile est un sanctuaire.

De même qu'autrefois les tribus grecques se divisaient en quatre confédérations avec quatre dialectes, éolien, ionien, attique et dorien, de même le peuple entier des Chkipetars se divise en quatre groupes de tribus, qui ont donné leurs noms aux quatre Albanies. On trouve déjà ces quatre groupes mentionnés dans Arrien, Pline et Strabon, comme autant de peuplades scythiques venues du Caucase sous le nom de *Gogs* ou *Mardaïtes*, de *Lesgltisdans* ou *Toxides*, de *Iapyges* et de *Chamis*. De ces quatre groupes primitifs sont sortis les *Toskes*, les *Japes*, les james *et les* Djègues. *Cette dernière confédération est scindée en deux branches, l'une musulmane du rite sunni, l'autre chrétienne du rite catholique latin. Les Djégues chrétiens prennent particulièrement le titre de Mirdites, et c'est la portion la plus vivace, la plus jeune, du peuple albanais.*

Les Djègues occupent toute l'Albanie rouge et septentrionale, qui s'étend de Skadar (Scutari) jusqu'à Prisren, et d'Elbassan jusqu'aux sources de la Boïana. Les Djègues mahométans sont groupés autour du visir de Skadar, le long de la Boïana, et sur la côte, à Antivari, Dulcigno, Croïa, Alessio, Tirana, Durazzo, d'où ils s'étendent dans l'intérieur des terres jusque vers Scoumbi et le lac d'Ocrida. Plus tranquilles et plus sociables que les autres Albanais, les Djègues musulmans sont honorés par les Turcs même du noble titre d'Osmanlis. En guerre, ils attaquent l'ennemi avec une impétuosité formidable. Tandis que les autres Albanais ne combattent bien qu'à pied et en tirailleurs, les Djègues combattent surtout a cheval, savent marcher en lignes serrées et manient admirablement leurs longues lances. Malgré ces belles qualités militaires, les tribus des Djègues musulmans sont les plus soumises et les plus pressurées de toutes celles de la confédération. Aucun de ces Albanais mahométans ne prétend au nom de Mirdite. Il n'en est pas de même des Djègues montagnards ou *Malisors*, qui sont chrétiens pour la plupart et bien plus portés à l'indépendance. Derrière leurs rochers, ceux-ci pourraient défier tout oppresseur, s'ils n'étaient pour leur malheur mêlés à des musulmans. Ceux des phars *malisors* qui possèdent les hauts monts jusqu'à Djakova et à Prisren sont les plus mortels ennemis de la race serbe ; leur bonheur est de conduire des tchetas vers la Serbie. Néanmoins ces phars ont adopté presque entièrement les mœurs des Serbes, si bien qu'on ne les distingue de ceux-ci que par leur blanche foustanelle, qui tranche pittoresquement sur la couleur rouge de leur chlamide ou *képé*. Ce manteau de voyage est surmonté d'un capuchon aigu destiné à préserver de la pluie. Les chrétiens seuls portent des *képés* de laine noire très courts et en forme de pèlerine, ce qui donne à ces montagnards une ressemblance de plus avec les chevaliers des croisades. Leur *flokota* (tunique légère et sans manches pour les travaux champêtres) est le *gouniats* des Slaves du Monténégro. Le bonnet rouge à échancrure relevée, des deux côtés, pour contenir l'argent et les cartouches, et déjà porté par les soldats de Skanderbeg, si l'on en croit les anciennes peintures, est également commun aux Monténégrins et aux Djergues malisors. Quant aux femmes de ces tribus, on pourrait les prendre pour de véritables slavones : leur chevelure, tantôt divisée en trois tresses, avec des guirlandes de fleurs et de piastres, comme en Bosnie, tantôt rattachée avec de longues épingles à tête ovoïde, comme sur le Danube, leurs colliers en verroterie, leurs bracelets et leurs ceintures de métal, leurs chemises ornées de houppes de soie, tout rappelle le frais costume des filles du Balkan. Peut-être trouverait-on plus de caprice dans leur toilette que dans celle des Slavones. Un marché de denrées à Skadar semble une mascarade, tant les costumes de femmes y sont variés. La plus étrange de toutes ces toilettes est celle des belles de certains phars, qui se suspendent autour du corps quatre tabliers et les laissent flotter dans leur marche au gré du vent.

Le plus respecté d'entre les phars malisors est celui des *Klementi*, pasteurs du rite latin, maîtres de la triple source du Zem et des petites villes de Niktcha, Seotsi et Voukoli. L'évêque catholique des Klementi réside à Saba ou Sarda, l'ancienne Ardes, dont on voit encore des ruines. A cette tribu parait se rattacher la glorieuse famille princière des Albani, qui, s'étant réfugiée à Rome au XVIe siècle, donna à l'Italie tant de cardinaux, au monde le pape Clément XI, et aux arts la merveilleuse villa Albani, immortalisée par Winkelmann, et dont les chefs-d'œuvre antiques, maintenant dispersés, ornent les principaux musées de l'Europe. Le puissant phar des Klementir avait été formé, à l'instigation de Venise, par des missionnaires latins, qui avaient su réunir autour de leur sainte bannière les *ouskoks* et les vagabonds de ces montagnes. En 1740, la tribu reçut un coup funeste par l'émigration de plusieurs milliers de ses membres, qui suivirent le patriarche serbe, Arsenius Ioannovitj, dans la Syrmie hongroise. Ces émigrants bâtirent près de Mitrovitsa les gros villages de Ninkintse et de Herkovtse, dans lesquels ils ont conservé jusqu'à ce jour sans altération leur rite et leurs mœurs au milieu des Serbes, leurs voisins et amis. Moins prudents que ces derniers, les Klementi d'Albanie, poussés par les conseils fanatiques de leurs missionnaires italiens, ont fait, ligués avec les Turcs, une guerre cruelle aux *schismatiques* du Monténégro, et ils en recueillent maintenant les tristes fruits.

Aussi indépendants que les Klementi et plus fortement organisés, les Djègues catholiques des vastes plaines connues spécialement sous le nom de *Mirdita* sont renommés dans toute l'Albanie pour leur loyauté et leur bravoure, comme aussi pour la longue portée de leurs énormes carabines. Les phars mirdites sont ceux qui ont conservés le plus de traces des mœurs primitives ; c'est au point que la plupart des Mirdites ne connaissent pas encore l'usage des chemises. Leur naïveté se peint dans tous leurs actes : incapables de dissimuler, ils déclarent franchement leurs haines comme leurs amitiés ; très doux dans leurs relations habituelles, bien que sombres et taciturnes, ils ont le défaut de ne pouvoir pardonner. Leurs vengeances sont implacables ; mais, dans tout autre cas, leur charité est telle, qu'une famille mirdite ne tombe jamais dans l'indigence sans être aussitôt secourue et relevée par ses voisins. Le renégat français Ibrahim-Effendi assure avoir eu souvent occasion d'admirer la tenue morale et l'humanité des troupes mirdites dans l'armée d'Ali-Pacha. Le philhellène Urquhart, au contraire, en 1832, les regardait comme les plus stupides, les plus grossiers des Albanais, sans doute parce que ce sont les moins hellénisés. Essentiellement laboureurs, ils ne saisissent les armes qu'à regret ; quoique privés de toute industrie, ceux des côtes, afin d'écouler les produits de l'intérieur, entretiennent néanmoins quelques agents sur les places de Trieste, de Venise et de Livourne. Ces voyageurs de commerce, revenus aux bords du Drin, donnent à leurs compatriotes les seules notions que ce peuple ait de l'Europe. Etrangères aux plaisirs qui amollissent, les femmes des Mirdites savent au besoin combattre et braver la mort ; dès l'âge de seize ans, elles marchent avec des pistolets à leur ceinture, escortées de dogues terribles, descendants des antiques et fidèles molosses de l'Épire. Quand on les voit, sveltes et fières, traverser ainsi leurs vastes forêts, on se rappelle la chaste Diane, et l'on ne doute pas qu'elles ne fussent capables de punir, aussi bien que l'antique déesse, la témérité d'un nouvel Actéon.

Les Mirdites du sud, comme ceux du nord, suivent le rite latin mêlé de cérémonies grecques ; leur clergé végète dans une telle ignorance, que beaucoup de prêtres ne savent pas lire ; aussi les moines franciscains envoyés par le pape, ou pour mieux dire par l'Autriche, exercent-ils une autorité suprême sur tous ces chapelains de famille et ces curés laboureurs réduits à vivre du travail de leurs mains. Le nombre des Mirdites du sud est évalué à 70,000, divisés en trois phars, qui comptent douze mille guerriers. C'est de leur sang que naquit, à Ak-Serai, le terrible George Castriote ou Skanderbeg qu'ils chantent toujours sous le nom de *dragon d'Albanie*. Depuis 1595, époque où le fils de ce héros émigra en Italie, le pays, dans sa partie méridionale, est gouverné simultanément par l'évêque ou abbé mitré d'Oroch où Orocher, et par une dynastie militaire du nom de *Doda*. Le chef ou l'aîné de cette famille, résidant à Oroch, est d'ordinaire reconnu prince par tous les Mirdites méridionaux, qui, en centralisant ainsi le pouvoir, parviennent à se rendre formidables. Plus nombreux encore, les Mirdites septentrionaux sont cependant moins puissants, car ils vivent moins unis et se partagent entre différents chefs électifs.

Au midi de la confédération des Djègues ou Albanais rouges habite celle des Toskes, qui furent longtemps les seuls *Albanes* ou blancs ; ils occupent le territoire des *Partheni* (Albanais primitifs). Ces districts calcaires et stériles peuvent à peine fournir de l'herbage aux troupeaux que les pâtres toskes, étrangers à toute agriculture, sont forcés d'échanger contre les blés de leurs voisins. Cependant, auprès du Djègue morne et trapu, le Toske brille par sa taille svelte, son élégance et la vivacité de son esprit ; parmi les guerriers albanais, il n'en est point dont l'extérieur annonce plus de jactance. Les yeux du Toske étincellent de finesse, mais leur direction oblique révèle la fausseté qui fait le fond de leur caractère. Les Toskes, en effet passent avec raison pour les plus perfides des Albanais.

Les phars chrétiens de ces tribus sont schismatiques grecs, et les phars musulmans sont du rite *chiite,* ou de la secte d'Ali et des Persans, par conséquent très opposés aux Turcs, qui sont sunnites et ont en horreur tous les partisans d'Ali. Les chrétiens occupent Mousaché, Tomoritsa, Argenik et d'autres places insignifiantes ; les villes principales appartiennent aux musulmans. Une ramification très importante de ces derniers se trouve rejetée vers le nord, et porte plus particulièrement que le reste des Albanais le nom d'*Arnaoutes.* Ces Albanais bâtards, recrutés par des ouskoks de Bulgarie, couvrent les monts de Pristina jusqu'à Kalkandel, et désolent souvent la Macédoine ; naguère ils, remplissaient la milice algérienne, et leurs chefs ont plus d'une fois détrôné les deys. -Tels sont les Toskes, dont le fameux Ali de Janina offre la plus haute personnification historique.

La troisième confédération, celle des *Liapes, Lapes* ou *Japides,* contraste avec les autres par sa dégradation extérieure et morale. Laids et rabougris, les Liapes occupent les rochers acrocérauniens, le long de l'Adriatique, entre les districts des Djames et ceux des Toskes. Leur barbarie est telle, qu'Ibrahim-Effendi assure qu'on ne trouve parmi eux pas un ouléma, pas un derviche, pas même un individu sachant lire. On n'a pu encore, jusqu'à ce jour, les empêcher de tromper par des feux nocturnes les pilotes européens pour les attirer au milieu des brisants, s'emparer de la cargaison des navires, et dépouiller les naufragés. Ils sont irrésistiblement portés au vol, qui est leur gagne-pain habituel. Errant dans toute l'Albanie, ils excellent à dérober les moutons pendant la nuit, en assoupissant les chiens de garde au moyen de gâteaux imprégnés d'opium, et en coupant avec les dents la trachée-artère du mouton qu'ils enlèvent, afin qu'il ne puisse bêler. Les Liapes semblent descendre des anciens *Chaones*, sauvages qui, suivant les poètes grecs, se nourrissaient de glands. Mais il faut observer que le gland doux que mangent encore les habitants de la Liapourie, en le délayant dans du lait, n'est guère inférieur au fruit du châtaignier, avec lequel plusieurs tribus albanaises, aussi bien que les Corses, font leur pain. Les Liapes maritimes vivent aussi de pêche ; ils nagent comme des poissons. Leurs femmes même passent dans l'eau la moitié de leur vie ; une peau noire et huileuse, un sein flasque, un ventre énorme, décèlent chez elles une existence tout animale. La férocité albanaise se trouve comprimée en partie chez ces tribus par leur extrême stupidité, qui fait ressortir d'autant plus le désordre de leurs mœurs. Les Liapes semblent ignorer la sainteté du mariage, et on voit les musulmans épouser des chrétiennes sans chercher à les convertir, car ils ignorent eux-mêmes jusqu'aux prières les plus élémentaires du Koran. Les autres Albanais ont pour les Liapes un tel mépris, que leur nom même est un terme d'injure ; il semble que ce soient d'anciens *noirs* ou esclaves échappés aux mains des *blancs*.

La quatrième confédération, celle des *Djames* ou *Djamides*, semble le résultat d'émigrations successives des Chkipetars parmi les Hellènes. Cette confédération dut être originairement médiatrice entre les Grecs et les anciens Albanais. Son territoire, resserré entre le district grec de Janina et la côte également grecque qui s'étend d'Arta aux défilés souliotes, offre un labyrinthe de monticules d'une admirable fertilité et d'une défense facile. Les Djamides sont pour la plupart mahométans sunnites. On distingue dans ce groupe les phars des *Massarakiens* et des *Aïdonites*, riverains de l'Achéron et habitants de l'Aïdonie, ancien royaume de Pluton. Les Djames formaient naguère la plus industrieuse, la plus éclairée, la plus riche des quatre confédérations, et ne portaient pas moins d'enthousiasme que leurs compatriotes dans la défense de leur liberté. Malheureusement le luxe d'Europe les envahit et les dépouilla de leurs vertus natives ; ils sont devenus soupçonneux, avides, inhospitaliers, et le voyageur ne trouve qu'avec peine à se loger dans leurs villages. Le Djame est, sous ce rapport, l'opposé du Djègue, qui s'élance au-devant de l'étranger et l'adopte pour *vla* (frère) dès qu'il a mangé avec lui le pain et le sel, risquant même au besoin sa vie pour son hôte.

Telles sont les diverses populations des quatre Albanies. Quant aux colonies étrangères, bulgares, iliriennes,[1] valaques, qui sont venues vivre au milieu des indigènes, elles n'ont pu se fondre avec eux ; elles ont gardé leur idiome, leur costume et leurs usages. Les hommes seuls, dans ces colonies, connaissent la langue *chkipetare*, que les femmes, gardiennes du foyer, n'ont aucun besoin d'apprendre. Ainsi chaque race reste fidèle à son sang, ainsi la vie de tribu, cet élément de toute société orientale, atteint en Albanie le plus haut degré d'intensité qu'elle puisse offrir hors du système des castes.

Section II

L'Albanie est divisée en quatre provinces, appelées la Djegarie ou Mirdita, la Toskarie ou Mousaché, la Liapourie et la Djamourie, du nom des quatre confédérations qui les habitent. Ces quatre régions diffèrent entre elles presque autant par le climat que par les mœurs des différentes confédérations. Ainsi, pendant que la Toskarie souffre chaque année d'un hiver rigoureux, pendant que la Liapourie, dominée par les monts de la Chimère, est presque toujours couverte de sombres nuages et frappée de la foudre, la Djamourie, au contraire, vers les vallons d'Acherusia, les forêts de Dodone et les bords de la mer, jouit d'un ciel toujours serein et d'un printemps éternel. Les orages n'y durent que quelques heures : les gelées de Romélie, les nuées de sauterelles de la Macédoine, la rouille qui dévore les blés de la Morée, le ver qui ravage les vignobles grecs, sont inconnus en Djamourie et sur les côtes de l'Épire. L'été, qu'on pourrait y croire insupportable, est sans cesse tempéré par les brises qui descendent des cimes neigeuses et des forêts séculaires d'où les vents apportent mille parfums dans les vallons. Les campagnes de Naples ne sont pas plus enchanteresses.

La peste, que les navires de Constantinople et de Tunis apportent quelquefois en Albanie, ne peut se développer dans ces régions,

---

1 Nous n'entendons pas désigner par ce mot les populations que l'Europe appelle illyriennes. Il y a une grande différence entre elles et les Iliriens, nom que se donnent les Serbes catholiques.

grâce à la température, qui combat victorieusement ce fléau. En revanche, l'hydrophobie des chiens et des loups, inconnue sur le Bosphore, sévit très fréquemment dans cette province, comme en Macédoine. L'atmosphère de plusieurs localités marécageuses est tellement chargée de miasmes fiévreux, qu'il faut, en été, les évacuer complètement. Les eaux de rivière, souillées d'insectes et de végétaux en dissolution, sont tout-à-fait impotables et rendent indispensable l'emploi de l'eau de source. Bien que fréquents, les tremblements de terre ne produisent pas, en Albanie, les mêmes bouleversements que sur les côtes de la Grèce et dans les îles de l'Archipel ; les feux souterrains qui agitent cette contrée n'en altèrent pas la salubrité ; les innombrables cavernes des montagnes n'exhalent aucune vapeur nuisible, et le terrible Achéron lui-même, au milieu des vallons volcaniques et des cratères éteints qu'il parcourt, ne donne plus la mort aux hommes.

A partir du Nissava-Gora et du Gloubotin, haut de neuf mille six cents pieds, les montagnes de l'Albanie vont en général s'abaissant jusqu'à la mer ; elles deviennent de plus en plus arides et calcaires, et se terminent presque toujours par des caps brusques et des murs perpendiculaires que la vague bat avec fureur. Quoique égalant sur plusieurs points la hauteur des Pyrénées, et dépassant partout celle des Apennins, ces chaînes ne sont point comparables aux Alpes : elles ne donnent naissance qu'à de petites rivières qui toutes vont de l'est à l'ouest ou du nord-est au sud-ouest. Le principal de ces cours d'eau est le Dril ou Drin. Il y a le Drin noir et le Drin blanc ; le premier, tombant des monts Zagoriates, forme, à huit lieues de sa source, au-dessous d'Ocrida, le plus grand lac d'Albanie ; puis il reçoit près de Stana le Drin blanc, descendu du mont Bora, contre-fort du Scardus, situé dans le district serbe de Pristina. Les deux brins, réunis alors sous le nom de Drina, coulent au nord-ouest, puis au sud, en séparant les tribus Chkipetares des tribus iliriennes. Le Drin, qui longe les chaînes inaccessibles nommées *Ora-Laka* (montagnes des esprits), est le roi des fleuves albanais, et c'est aussi sur ses bords qu'habite le peuple-roi de l'Albanie, la noble race des Mirdites. Après le Drin, les courants d'eau les plus considérables de l'Albanie sont la Boïana, qui sort du lac de Skadar, puis la Voïoussa, l'ancien Aous ; ce fleuve, encaissé entre deux murs de rochers, est le plus profond de toute la presqu'île gréco-slave. Quant aux rivières du sud, la Matia, le Berathino, la Kalamas, la Longovitsa, la Pavla, l'Achéron ou Glykys, ce ne sont que des torrents. On les traverse sur des ponts en ogive et à dos d'âne qui s'élèvent quelquefois jusqu'à cinquante pieds au-dessus du niveau de la rivière. Aussi, quand ces ponts étroits, pavés de petits cailloux aigus, se trouvent sans parapets, on ne peut s'empêcher de frémir en y passant à cheval.

Aucune province turque n'offre au voyageur qui veut la parcourir d'aussi sérieux dangers que l'Albanie. Tout y paraît embûche et effraie l'étranger qui n'a pas encore pénétré dans la vie intime de ces redoutables tribus. Il tremble même en approchant des *karaouls*, tours de police dont le pays est rempli : ces postes militaires sont tantôt de simples *kolibas*, huttes de branchage, tantôt des *koulas*, tours carrées à deux étages, bâties en pierre sur des pointes de roc qui dominent les défilés. Là le *kavase* en vedette, assis les jambes croisées sur sa galerie aérienne, joue de la *tamboura* et chante les exploits des klephtes, ses anciens frères d'armes ou ses illustres aïeux, tandis que du souterrain de la *koula* la prière plaintive des brigands qu'il vient de faire prisonniers monte vers lui et se mêle à ses chants. Les frontières des districts libres sont également bordées de haïdouks au guet, prêts à assaillir tout Osmanli qui oserait entrer en maître dans ces champs d'asile. Le voyageur même qui se présente à eux, s'il ne parle pas le grec ou quelque langue chrétienne d'Orient, leur devient tellement suspect, qu'il ne peut obtenir ni gîte ni nourriture. S'il arrive le soir avec une escorte dans un village, femmes et filles délogent aussitôt et s'en vont coucher aux champs. Nulle part, en Orient, on ne trouve d'aussi mauvais *hanes* que dans ce pays. Les lianes du midi sont des masures en pierre, crénelées comme de petits forts. Ceux de la Mirdita, au contraire, ne sont que de vastes écuries, où l'on dort, où l'on allume son feu, où l'on fait sa cuisine parmi les chevaux, qui souvent, piqués des mouches, renversent d'une ruade le chaudron du voyageur, et avec lui toutes les espérances de comfort prochain dont il se berçait. Mieux vaut coucher sous le platane ou dresser sa tente au désert, sauf à faire veiller son guide pour se préserver des chakals.

Outre la division géographique de l'Albanie en quatre provinces, on pourrait y signaler encore deux grandes zones morales, l'une composée de la Djegarie ou Mirdita et de la Liapourie, l'autre formée par la Djamourie ou l'Épire et la Toskarie. – La première des quatre provinces sur laquelle doit se porter l'attention du voyageur est sans contredit la Djegarie.

Cette vaste région, qui forme à elle seule presque la moitié de l'Albanie, n'est point, pour son malheur, habitée par une seule race. Deux langues, le chkipetar et l'ilirien, s'y disputent l'empire. Les colonies bulgares, dont les usages diffèrent tant des mœurs albanaises, viennent compliquer la question administrative, et la haine réciproque des chrétiens latins et des chrétiens grecs met le comble à la confusion. Pour se faire une idée de ce chaos, il faut partir de Salonik et parcourir lentement les cent quinze lieues qui séparent cette grande ville de Skadar ou Scutari. Le voyageur qui craint les klephtes peut se joindre aux caravanes, et passer par Avret-Hissar, Doïran, Stroumdcha, Istib, Kiouprili, Skopia, Kalkanderen, Prisren et Detchiani, ou bien il peut traverser Koumlekeü, Demircapi, Kafadartsi, Prilip, Monastir, Ocrida, Elbassan. Le lieu de repos le plus agréable sur cette dernière route est la rive du beau lac d'Ocrida. La ville de ce nom, peuplée de quelques milliers de chrétiens avec une garnison turque, se compose de maisons isolées, et couvre, comme toutes les villes albanaises, un immense espace. Ocrida ou Acri (en grec *lieu haut et fort*) fut bâtie par Cadmus, et décorée d'aqueducs, de bains, de portiques superbes par Justinien, l'empereur gréco-slave, qui était lié dans ses murs, et ne cessa, durant son long règne, de la combler de ses faveurs. De toutes ses richesses, Ocrida n'a conservé que quelques débris d'églises et une enceinte de remparts délabrés souvent pris et repris par Skanderbeg. Le petit *knak* de l'*ayan* (gouverneur) de la ville, où se voient deux statues grecques de Vénus et de Mercure, s'élève au pied de cette enceinte romaine, restaurée en style féodal avec tourelles et machicoulis, mais dont la porte a conservé une inscription latine. Cette ruine imposante couronne le mont Pieria, premier parnasse des muses au temps où elles étaient encore pastorales, où l'hellénisme dans l'enfance n'était pas encore sorti de ses langes slavo-scythiques. Cette région s'appelait alors la Péonie ; c'était le séjour du dieu Pan et de ses bergers. Ils chantaient leurs idylles au bord de ce lac délicieux, qui avait dû à la limpidité de ses eaux son nom de *Lychnis* (le transparent), et qui encore aujourd'hui laisse apercevoir à douze brasses de profondeur son lit de sable fin. Des villages bulgares, mêlés à ceux des Mirdites, bordent le lac, long de sept lieues, qui se termine à Stronga, ville de trois mille habitants, la plupart pasteurs et gardiens d'abeilles, pacifiques et doux comme la fable nous peint Aristée. Nés poètes, ces Slaves animent le désert de leurs chants mélancoliques. Vêtus de sayons de laine blanche, on les voit marcher à la tête de leurs troupeaux qu'ils attirent sur leurs pas au son du *lituus*. Cette flûte antique, fabriquée par eux-mêmes rappelle exactement celle des bergers de Théocrite, dont ils semblent avoir conservé les mœurs.

C'est en se rendant d'Ocrida à Prisren qu'on peut le mieux étudier les différences morales qui séparent les Bulgares, pâtres à moitié laboureurs, et les Chkipetars, pâtres guerriers et chasseurs. On ne traverse le pays occupé par les chasseurs qu'en scrutant d'un œil inquiet tous les rochers ; on croit, à chaque instant, voir briller le canon d'une carabine à travers les broussailles. Parmi les Bulgares, au contraire, quelle sécurité ! Partout où l'on s'arrête, les bergers descendent des collines et viennent présenter à l'étranger leurs souhaits de bon voyage ; ils s'accroupissent en cercle autour du tapis où le Franc repose, et causent avec lui de tout ce qui leur est cher, ou bien ils lui chantent quelqu'un de ces airs slaves qui font rêver si longtemps. Avec quelle profonde paix je voyais se lever et se coucher le soleil dans ces vastes forêts, asile de la vie libre et primitive, où l'homme est frère de tous les hommes, où les animaux des bois même ne fuient pas son approche ! Au sein de ces belles solitudes, je ne croyais plus avoir aucun désir à former : je m'endormais sur ma natte au premier lieu où me surprenait le crépuscule, et je m'éveillais le matin au bruit mélodieux des oiseaux familiers qui voltigeaient autour de ma couche. Ici un jeune chevreuil poursuivi par un loup venait se réfugier entre les jambes de mon cheval ; plus loin une jeune fille de quinze ans, belle comme un ange, et seule dans le désert, venait m'offrir les fraises de la forêt, sans vouloir en accepter le paiement. Ailleurs, les *tsiganes* eux-mêmes m'apportaient du bois et allumaient mon feu nocturne, sans demander le salaire de leur peine. Ces bohémiens, si féroces dans le reste de l'Albanie, parce qu'ils y sont si opprimés, se distinguent dans ces vallées par la plus inaltérable douceur.

Cependant les oppresseurs n'ont pas toujours manqué à ce pays, théâtre des longues luttes de Skanderbeg et des Mirdites. Des ruines innombrables y attestent les glorieux combats d'un peuple obstiné à vivre libre ou à mourir. La *Pelousia*, en slavon *Svetigrad* (forteresse sainte), du grand Castriote, située sur une haute montagne, n'a plus que des restes de murs. Le fort aérien de Petralba n'a conservé qu'une grosse tour carrée, debout sur des ruines informes. Ceux des anciens castels mirdites que la guerre n'a pas détruits offrent encore un dernier souvenir de leur ameublement latin ; c'est un grand fauteuil à bras et travaillé à jour, emblème de la puissance du père, qui seul pouvait et peut encore y siéger.

Quoique les mœurs militaires prédominent chez ce peuple, il a gardé de nombreuses traces de la vie patriarcale. Les serviteurs sont traités comme des enfants par le chef de la famille. Ce dernier a seul le droit, comme un pontife antique ; forger le mouton du festin, qui, ensuite rôti dans son entier, est mangé par tous en commun devant la porte du donjon. Pendant que circulent les petits vins grecs, qui passent en Albanie pour des vins de France, le *pliak* ou maître, les jambes croisées sur son tapis, saisit la lyre mirdite, la frappe d'une plume rapide, et chante, comme autrefois Achille devant sa tente, ses propres exploits et ceux de ses palikares, qui, exaltés à sa voix, ne tardent pas à commencer les danses décrites par Homère. En contraste avec la simplicité de cette scène domestique, voyez ces négociateurs qui reçoivent audience d'un chef de phar : ils sont à genoux, les mains cachées sous leurs manches rabattues ; tous leurs mouvements reproduisent les gestes qu'on prête aux suppliants dans les miniatures byzantines. Chez ce peuple resté antique, l'église seule semble se rajeunir sans cesse ; les innombrables chapelles qui ornent les vallées mirdites brillent au loin d'une telle blancheur, qu'on les croirait toutes nouvellement bâties. Leurs nefs en croix latine et leurs clochers, qui les distinguent des églises grecques, réjouissent momentanément le voyageur européen, mais affligent quiconque comprend les vrais intérêts des Mirdites. Le rite grec est trop populaire en effet dans la péninsule, pour qu'on puisse désirer la fusion de tous les Gréco-Slaves au sein de l'église latine, qui est loin de rencontrer parmi eux les mêmes sympathies. C'est par l'union religieuse des rites qu'on arriverait le plus sûrement à la réconciliation des peuples.

Les fertiles vallées du Drin, où l'Ilirien du nord se mêle au Mirdite du sud, furent jadis la Dardanie, et s'appellent aujourd'hui la haute et la basse Dibre, nom qui peut se dériver du slavon *dobrit* (bon), à moins qu'on ne veuille, avec Anquetil-Duperron,[1] le faire venir des Tibars, tribu persane. Si l'on quitte les Dibrans pour s'enfoncer dans les montagnes du nord-est, on y trouve d'autres phars également indépendants gouvernés par des knèzes électifs ; mais ce sont des phars musulmans composés de ces terribles Arnaoutes, qui fondent si souvent sur les caravanes de Salonik et sur les troupeaux serbes de la plaine de Kossovo. La *Montagne des Boucliers* (Kalkanderen) fait partie de cette chaîne. C'est là qu'habitent les Lakovlaks, brigands redoutés en Macédoine et en Bosnie. Ce phar s'appuie aux chaînes neigeuses du Tchar-dag, qui séparent la Serbie l'Albanie. Les versants escarpés du Tchar dag couverts de débris de forêts brûlées par la foudre ou par les patres, sont fréquemment le théâtre de ces tourbillons terribles connus dans le Mont-Cenis, et qui, partant de plusieurs directions opposées, brisent les caravanes entières contre les rochers ou les lancent au fond des précipices. Dans ce désert sauvage se cache Prisren, ville de quinze mille âmes, occupée par des beys musulmans plus cruels que les ours et les aigles du Tchar-dag, et qui font peser un joug terrible sur leurs rayas serbes. L'ancien château des rois de Serbie élève encore au-dessus de la ville, étagée en amphithéâtre, son carré de murailles protectrices, qui couronnent comme un diadème le rocher de Prisren. Mais ces murailles ne protègent plus que les tyrans, et c'est en vain que chaque année les rebelles mirdites, privés de canons, attaquent cette citadelle dominée pourtant au sud et à l'est, et où la moindre pièce d'artillerie ouvrirait des brèches irréparables. Tout le long de cette frontière, les Bosniaques et les Sertes ont adopté le phistan, et vivent comme de vrais Albanais au milieu de *tchetas* presque continuelles ; aussi l'espace de trente lieues de Prisren à Skadar est-il un vaste désert, un chaos de rochers arides et de savanes désolées où l'homme doit vivre nomade, prêt à défendre sa vie nuit et jour. Les seuls objets que l'indigène demande aux marchands, en échange de ses pelleteries et de ses viandes salées, sont du plomb et des armes.

Ce n'est qu'aux approches de Skadar, que la route commence à se

---

1 *Mémoires de l'Académie des Inscriptions et Belles-Lettres*, tome XLV.

border de petits villages formés de huttes semblables à des corbeilles d'osier, où une population vigoureuse et pure travaille et chante, animée par la vue des montagnes qui s'élèvent en échelons jusqu'à la ligne des neiges. Sans les tchetas dévastatrices des Monténégrins, le laboureur mirdite ferait un Éden de cette vaste plaine semée de vignobles et d'oliviers, qui s'étend de la base des monts au lac de Skadar. L'aspect de cette nappe d'eau est magnifique ; mais, si l'on est réduit à la traverser pour arriver à la ville, le charme de ses rives disparaît devant les craintes qu'inspire la caïque, formée d'un seul tronc d'arbre, et que le moindre faux mouvement ferait chavirer ; tombé parmi les herbes qui remplissent le lac, le plus habile nageur serait perdu.

De loin la capitale à demi slave des Djègues et des Mirdites paraît ravissante ; ses bazars et ses mosquées élèvent leurs nombreuses coupoles en amphithéâtre jusqu'à la cime rocailleuse où se dresse le castel serbe du Rosapha. Ce vieux *grad*, qui plane dans les airs à une hauteur de trois cent cinquante pieds, fut défendu au XVe siècle par Antoine Lorédan et une poignée de Vénitiens, contre soixante mille janissaires, qui n'obtinrent le Rosapha qu'en subissant les conditions imposées par ses défenseurs. Même aujourd'hui, on pourrait rendre cette forteresse imprenable, mais elle n'a peut-être pas dix canons en état de service, et ses trois mille garnisaires sont des enfants ou des vieillards. Le pacha qui y réside est très civilisé pour un Turc ; il a déjà quelques chaises dans son *selamlik* (salle d'audience), dont les fenêtres, à la vérité, attendent toujours des vitres. Au bas de la forteresse sont l'hôpital et la nouvelle caserne du *nizam*.

Skadar, l'antique Scodra de Pyrrhus et des Romains, en italien Scutari, en turc *Iskenderiah* (Alexandrie), la ville du bey Alexandre ou Skanderbeg, est le principal boulevard de l'Albanie. Située à sept lieues seulement de la mer, elle pourrait devenir un entrepôt commercial du premier ordre. Quelques manufactures d'armes et d'étoffes grossières entretiennent seules aujourd'hui l'activité industrielle de Skadar, et sa population atteint à peine le chiffre de 20,000 âmes. Au nord de Skadar et de son lac s'élèvent, dans le désert, plusieurs petites places turques, sans cesse assiégées par les Monténégrins : ce sont Jabliak sur une hauteur dans une île de la Moratcha, plus loin Spouje, perchée sur un roc, en vue de Podgoritsa, vieux castel et chef-lieu de ces solitudes continuellement ensanglantées. On a depuis peu découvert dans ces lieux des antiquités romaines à Bielopavlitj des sépultures, à Nikchitja et à Drivasso d'autres débris, à Douké, près de Piperi, les restes d'un palais cru impérial. Enfin, au nord-ouest de Podgoritsa, dans le Monténégro, la ville de Diocléa, si chère à Dioclétien, a été retrouvée en 1838 par M. Kovalevski, avec des colonnes, des portes à inscriptions latines, et toute son enceinte de remparts.

La côte maritime qui borde cette plaine s'appelle *Kraïna* ou limite : c'est le Finistère slavon. Là se trouve Antivari, qui est le port de Skadar et l'entrepôt des exportations du bassin de la Drina. Élevée peut-être jadis par les Italiens de Bari, cette ville mirdite est dominée par un roc, qui porte un château demeuré tel que les Serbes le bâtiment, en s'emparant de cette côte sur les Vénitiens. Ses tours, qui barrent le fond d'un défilé important, sont aux mains d'un petit bey encore héréditaire qui conserve, dit-on, les boucliers et les casques de ses aïeux du moyen-âge. Olgoun, l'antique Olchinium, d'abord appelée Colchinium du nom des marins de la Colchide, ses fondateurs, n'est plus, sous le nom de Dulcigno, qu'un repaire de pirates, prétendus marchands, que les croiseurs de Trieste peuvent seuls forcer au repos. Alessio, chef-lieu de l'antique phar probablement ilirique des Lessi, bâti sur une falaise aux bouches de la Drina, et peuplé de marchands grecs et de pécheurs mirdites, conserve dans son castel à demi démantelé l'église, devenue mosquée, où est le tombeau vide de Skanderbeg, dont les Turcs enlevèrent les os pour se les partager comme amulettes. Dourts. (Durazzo), l'antique Dyrrachium, où le sénat romain et l'armée patricienne de Pompée furent assiégés par César, a perdu sa redoutable citadelle byzantine aux grandioses débris ombragés de beaux platanes, et son fameux port qui, à peu près ensablé, est devenu le plus sûr asile des corsaires. Cependant, par sa position, Dourts est appelé à devenir le Saint-Jean-d'Acre de cette autre nation maronite. Dans des temps plus heureux, cette ville pourrait être le centre naturel et la capitale des Mirdites, qui ne régneront jamais sans partage dans Skadar, où les paralyse une trop puissante influence slave. Sur cette côte, au contraire, les Slaves ont disparu ; les habitants, tous catholiques, n'obéissent qu'à l'influence de leurs moines italiens, et regardent comme leur patrie et leur terre promise les côtes des Abruzzes, qu'ils aperçoivent au-delà de la mer. La France avait un consul à Durazzo dès l'an 1640. Le varoch, quartier marchand de cette ville, qui s'étend au-dessous de la forteresse, n'a plus que quelques milliers d'habitants catholiques. Leur église, dédiée à saint Roc, et restaurée en 1809 par un général français, eut pour fondateurs les Normands, et servait de cathédrale à un archevêque latin. Les persécutions des beys musulmans ont fait fuir l'archevêque à Corbina, dans le canton de Croïa, où les carabines mirdites le protègent au besoin.

Le canton libre de Chounavia et les phars mirdites indépendans couvrent tous les fertiles plateaux qui s'étendent depuis la côte jusqu'au Drin, depuis les monts Poucha et Keroubi jusqu'au vieux castel d'Elbassan. Ce territoire formait autrefois un vaste pachalik, dont le chef résidait à Croïa, l'antique cité des rois d'Albanie, et le dernier boulevard des chrétiens orientaux, maintenant appelée *Ak-seraï* (palais blanc). Dans ces grands pâturages, les fils de Skanderbeg ont dû, pour rester libres, se former à la vie vagabonde du klephte et du pasteur. Leurs bandes, à demi nomades, environnent la vallée habitée par les Mattes, qui forment la plus puissante d'entre toutes les tribus mirdites, et qui ont la propriété souveraine des deux rives de la Matia. Cette rivière, de vingt-quatre lieues de cours, descend des hautes montagnes où les Mirdites vont tenir, à l'ombre des forêts vierges, leurs assemblées législavies ; là réside leur *prink* ou chef, qui a sa cour champêtre au village d'*Orocher* (au rocher), nom que les chevaliers français, conquérants de ces plateaux, donnèrent, dit-on, au lieu où ils se réunissaient en temps de guerre pour soutenir les assauts des musulmans ; mais ce nom, qu'on prononce aussi *oroch*, pourrait également venir du grec *oros*, la montagne. La vie libre des Mirdites se retrouve jusque dans le *vaïvodlik*d'Elbassan, où la ville du même nom, réduite à 4,000 habitants au lieu de 40,000 qu'elle eut jadis, sert encore d'entrepôt commercial pour l'intérieur des terres au port de Durazzo, dont elle a toujours suivi les destinées. A dix-huit lieues d'Ocrida et à douze de Berath, Elbassan occupe un site délicieux sur le rapide et tortueux Tobi (l'ancien *Genussus*) ; son donjon, flanqué de quatre énormes tours gardées par des beys à moustaches blanches, n'est plus qu'un vain épouvantail pour les rayas latins et grecs des environs, qu'une longue oppression a rendus féroces et a familiarisés avec tous les hasards de la vie de klephte. Aussi les Turcs d'Elbassan vivent-ils sans cesse en alarmes. On peut en dire autant de ceux qui gardent, un peu plus loin, le fort aérien de Kavalia, autour duquel les pâtres mirdites, montés sur leurs rapides coursiers, conduisent souvent des *tchetas*.

Au midi de ces chaînes élevées commence un nouveau district, celui de la Toskarie, qui semble avoir été la plus anciennement peuplée des quatre Albanies. La capitale de cette province est Berath ou Belgrad (la blanche cité), qui doit être l'Albanopolis de Ptolémée, la Parthenia de Polybe, et dont les Athéniens semblèrent traduire le nom quand ils appelèrent *Parthénon* la forteresse de Minerve. Siège d'un pacha et d'un archevêque grec, entourée de vignobles et d'oliviers, Belgrad contient dans sa partie basse sept à huit mille habitants. Sa forteresse, située sur un haut et pittoresque rocher, semble être la clé de voûte de toute l'Albanie, car elle unit ou isole à son gré les deux capitales du nord et du sud, Skadar et Janina. Mais, quoique réputée imprenable, elle ne pourrait, tenir longtemps à cause du manque d'eau, de l'excessive étendue de son enceinte et d'une montagne qui la domine, et d'où l'ennemi la pulvériserait aisément avec de l'artillerie. L'influence grecque, hostile aux Mirdites latins, se montre déjà dans cette ville ; néanmoins les Albanais mahométans y exercent une autorité absolue, ils forcent même les femmes grecques à ne marcher dans les rues que les mains croisées sur la poitrine, et en portant le *iachmal* et le *feridchi*, voile et manteau des musulmanes.

La province de Toskarie est nommée aussi *Mousaché*, du nom du fameux héros Mousa,[1] de même que la Mirdita s'appelle en slavon *Skanderie*, du nom de Skanderbeg. D'intimes rapports unissaient autrefois les deux pays ; des rejetons renégats du sang de Skanderbeg gouvernèrent pendant trois siècles le Mousaché, jusqu'à ce qu'en 1820 le dernier d'entre eux, Ibrahim, visir de Berath, périt par les mains d'Ali à Janina. Aujourd'hui encore les *kolbans*, bouviers mirdites, conduisent leurs grands troupeaux de bétail sur les plateaux de leurs anciens alliés toskes.

---

1 Nous devons contredire ici M. Pouqueville, qui, dans son *Voyage en Grèce*, tire le nom de Mousaché de la ville grecque de Mouseion, crue par lui la cité des Mosches, la Moschopolis actuelle. Mousaché est une dénomination moderne ci postérieure à la destruction de Mouseion.

Ce pays ne communique plus avec l'Europe que par un seul port, Avlone ou Vallona, ville célèbre dans l'histoire des croisés normands, qui lui donnèrent pour prince un membre de la famille française des Balsichides. Ses masures, moitié turques et moitié vénitiennes, abritent encore six mille individus, chrétiens, juifs et musulmans, que les fièvres d'été font fuir chaque année de leurs demeures. A peu de distance d'Avlone s'élève l'enceinte déserte d'Apollonie, que Velleius paterculus appelait une *grande et magnifique ville*, et qui fut bâtie par les Corinthiens sur la côte des barbares Iliriens. Du temple d'Apollon, les habitants ont fait une église et un couvent dédiés à la vierge de *Pollini*. La richesse des anciens Apolloniates est encore attestée par un vaste amas de débris, où l'on trouve souvent des médailles, des vases précieux, et des statues. Dans ces ruines d'Apollonie, où les prêtres d'Homère gardaient autrefois les béliers sacrés du dieu de la lumière et de la poésie, les bouviers mirdites viennent aujourd'hui chaque automne parquer leurs troupeaux. Jamais ils ne pénètrent dans la contrée qui s'étend au-delà, et qui est toujours pour eux comme pour leurs premiers aïeux la terre étrangère ou l'Hellénie.

Toutes ces vallées singulièrement fertiles, sont cependant malsaines à cause de la stagnation des eaux. Il faut en excepter celle de l'Argyrine ou de Drynopolis, qui pourrait devenir un paradis terrestre. Abritée par la chaîne des monts Argenik, où se trouvaient probablement les mines d'argent des anciens Grecs, elle est arrosée par le Celydnus, qui descend du Dzoumerka ou Tomoros. La ville forte de Canina (l'antique OEneus), peuplée de trois mille âmes, ferme cette vallée, qui, dans sa partie supérieure, aboutit à Argyro-Kastro, la ville des anciens Argyres. Bâtie sur trois montagnes escarpées, Argyro-Kastro est entrecoupée de précipices, au-dessus desquels sont comme suspendus les konaks crénelés des beys. Quelques ponts jetés sur ces abîmes unissent entre elles les maisons des phars coalisés. Ici, comme dans les villes italiennes du moyen-âge, on se fusille souvent d'un palais à l'autre. Au bas du *grad* ou *kastro*, ensemble confus de tours isolées, où vivent claquemurés plusieurs milliers de musulmans, s'étend le *varoch* ou la *polis* d'Argyre, ville marchande et chrétienne, réduite par les éternels faïdas des beys à quelques centaines de maisons. Près de là, on remarque, au village de Gorandgi, une caverne curieuse avec un lac souterrain. Plus loin la ville déchue de Liboklovo a du moins conservé tous les charmes de sa riante position. La fameuse confrérie des *sou-terrazi* (niveleurs de l'eau) est originaire de la vallée de l'Argyrine. Cette confrérie existait déjà avant Jésus-Christ. Les *sou-terrazzi* furent au moyen-âge les fontainiers privilégiés de Constantinople ; les sultans les maintinrent dans tous leurs droits, et leurs solides ouvrages couvrent toutes les provinces de l'Orient. A voir les *sou-terrazi* conserver sans aucun développement tous les procédés techniques de leurs ancêtres, on dirait une société de castors. Leurs admirables aqueducs, aux pentes si savamment calculées et qui sont quelquefois longs de quinze à vingt lieues, se ressemblent tous au point qu'à ne peut distinguer ceux d'hier de ceux d'il y a deux mille ans. L'Argyrine compte encore près de quatre mille *sou-terrazzi*établis sous Kormovo, dans les villages de Chlezi, Nakova et Doxati.

Sur cette riante vallée s'ouvre le lugubre défilé de Tépéleni où la petite ville de ce nom est cachée dans un entonnoir calcaire, sujet à des ouragans si terribles, qu'on n'a jamais pu faire croître un arbre sur les parois pelées de cet abîme. C'est au milieu de ces tempêtes que grandit le terrible Ali-Pacha, qui à force de massacres, mit un terme aux faïdas des tribus toskes. Plus haut, dans la vallée de l'Arberie, arrosée par la Belitsa, le voyageur peut reconnaître la place où fut Gardiki, cette ville dont la sanglante histoire fait frissonner. La Voïoussa (en slavon fleuve de la guerre et des gémissements) tombe des sommets klephtiques du Pinde et parcourt ces régions désolées où l'on ne trouve plus que des pasteurs nomades toujours prêts à donner ou à recevoir la mort. Encaissée entre deux rives de rochers sans verdure qu'elle bat de ses flots écumeux, la Voïoussa déchire le flanc des monts Mertchica et Melchiova, comme le Penée en Thessalie divise la masse de granit dont les deux fragmens forment l'Ossa et l'Olympe. Mais, loin de produire les frais ombrages d'une vallée de Tempé, le stérile fleuve des Toskes ne peut même féconder la sève du saule qu'on plante sur ses bords. Cependant son large lit reçoit le tribut de sources et de torrents nombreux qui, filtrant du creux des rochers, sont appelés par les Grecs *yeux souterrains (katachthonia matia)*. En remontant le cours de la Voïoussa, on rencontre Kleïsoura, castel élevé de plus de mille pieds au-dessus du fleuve dans un important défilé, et qui sert de chef-lieu au canton de la Desnitsa. Les indigènes de ce district montrent au voyageur un couvent en ruines bâti jadis par les Français, et près duquel M. Pouqueville trouva les derniers Souliotes exilés par Ali, mourant de maladie autour d'un papas qui, âgé de soixante ans, prévoyait avec désespoir qu'il survivrait à son troupeau. Plus loin est Prémiti, avec son acropole du temps de Justinien, adossée au mont Mertchica (l'ancien OErope), et voisine de deux cimes granitiques perpendiculaires que couronnent d'inaccessibles débris. Les citoyens de cette ville, longtemps libres, ont péri et sont remplacés par des *tsiganes* chrétiens et musulmans. Ces donjons, ainsi que Fourka, Lenovico, et tant d'autres asiles de phars guerroyants, ont dû capituler et s'ouvrir devant les troupes turques envoyées de Berath. Au nom de l'ordre public, les pachas osmanlis imposent maintenant leur joug aux Toskes, dont l'anarchique liberté n'a plus d'asile que sur les côtes, au milieu des pirates. Ces derniers, incessamment recrutés par des renégats d'Italie et d'Autriche, enlèvent secrètement chez les Mirdites et les Grecs des troupes d'infortunés qu'ils savent, dans leurs repères, dérober à toute recherche, et qu'ils font travailler comme esclaves.

Quittons ce rivage inhospitalier pour passer chez les industrieux Djamides ou Épirotes. La Pjamourie fait partie de la grande province que les Hellènes appelaient ηπειρος (continent), pour la distinguer des îles Ioniennes. C'est la province albanaise qui renferme le plus de Grecs ; ils sont presque les seuls habitants de la capitale du pays, Janina ou Joanina.

Fondée par le sébastocrator Michel-Lucas, détruite au XIIe siècle par les Normands et les Napolitains, puis relevée par les rois serbes, et enfin agrandie par le despote Thomas, Janina était devenue très forte quand les Turcs l'enlevèrent aux Byzantins. Quoique ses malheurs ne puissent être comparés qu'à ceux de Carthage et de Numance, elle n'a gardé aucun monument historique. Ceux même qu'a élevés le trop fameux Ali-Pacha ont disparu. Janina comptait sous le règne de ce despote plus de quarante mille habitants ; elle n'en a pas aujourd'hui vingt mille, la garnison comprise, et son enceinte immense est pleine de décombres ; de terrains incultes, de rues désertes. Une caserne du *nizam* a remplacé le château de Litharitsa, qui dominait la ville, et dont il ne reste plus que la grosse tour à cinq étages, bâtie d'énormes pierres de taille. Quant au sérail démantelé de Koulia, bien qu'il soit toujours la résidence des visirs successeurs d'Ali, il semble n'avoir plus pour défense que le *tourbeh* (mausolée) du tyran, dont la vue inspire encore la terreur. L'île de Koulia est séparée par un canal du *kastro*, qui couvre de ses débris et de son artillerie démontée toute la colline avancée dans le lac, au-dessus du ravin, où s'étend la ville marchande. Dans l'avenue du kastro, Ali faisait pendre, empaler, écorcher, brûler vivantes ses victimes. Cette citadelle, fortifiée par des Européens, était alors une place de premier ordre. Maintenant ouverte de tous côtés, Janina est résignée à recevoir autant de nouveaux maîtres qu'il plaît à la Porte de lui en envoyer. Quoique dans son sein la misère soit extrême, elle doit à ses industrieux Hellènes, d'être encore pour la Turquie d'Europe la ville des arts et des marchandises de luxe. Ses étoffes d'or, ses maroquins, ses soieries, ses toiles teintes, ses pâtisseries et fruits confits sont recherchés par tout l'empire. Les tailleurs de cette ville sont ceux qui savent le mieux faire ressortir la beauté du corps sous la beauté du vêtement. Nulle part les femmes grecques ne sont plus charmantes, nulle part aussi elles ne sont plus laborieuses et ne se distinguent par une plus sévère moralité. Traversée par deux grandes rues qui se croisent à angle droit, Janina a sept églises et quatorze mosquées, avec un hôpital, une petite bibliothèque et un collège grecs. Ce collège, où s'enseignent le grec, le latin, le français, et où les cours sont gratuits, comme dans toutes les écoles d'Orient, a été établi par deux philantropes d'Épire, Capelan et Sosimos, avec des fonds qu'ils ont déposés à la banque de Moscou.

Janina est la ville la plus élevée de l'Épire : soit qu'on vienne d'Arta par le défilé des Cinq-Puits, soit qu'on arrive de Corfou en longeant les cimes acrocérauniennes, la route va toujours en montant jusqu'au plateau dont cette capitale occupe le centre. Rien de plus délicieux que ce bassin, flanqué dans son pourtour par des étages de montagnes verdoyantes que termine la cime neigeuse du Pinde. Malheureusement l'incurie ottomane a laissé le beau lac qui baigne la ville devenir un fétide marais. Ce lac est double ; la partie supérieure porte le nom d'Orako ; la partie inférieure, appelée *Labchistas* (*Libisdas* chez les écrivains de la Byzantine), aboutit à des lagunes croupissantes qui vont se perdre sans aucun bouillonnement sous les rochers du Tomoros, pour reparaître deux lieues plus loin au fond d'un gouffre et former la Velchis, affluent de la Kalamas. Parmi les affluents du lac d'Orako, se remarque le torrent de Dobra-Voda ou Krio-Nero (l'eau fraîche), qui sort par une caverne des flancs glacés du mont Matzikeli il passe près du couvent vénéré des deux *Saints sans argent*, ou de Come et Damien, deux médecins qui, pour avoir exercé leur art sans rétribution, sont devenus après leur martyre comme les Dioscures des Grecs modernes. Il ne manque au district de Janina qu'une étendue de terre cultivée capable de nourrir une grande ville ; aujourd'hui les blés et les vivres lui viennent principalement de la Thessalie, qui aurait ainsi le pouvoir d'affamer l'Épire.

La quatrième province albanaise, la Liapourie ou Acrocéraunie, est située à l'occident de l'Épire et borde l'Adriatique. Elle se compose de tous les versants des monts de la Chimère, dont les cimes saccadées et brisées, hautes de cinq à six mille pieds, attirent fréquemment la grêle et des ouragans si violents, qu'ils brisent les arbres, renversent les villages, et culbutent les troupeaux dans les abîmes. Aussi le pays est-il inculte et désert ; il abonde en animaux sauvages ; les loups, pressés par la faim, y livrent maintes fois aux habitations de l'homme d'horribles assauts. Les îles même qui bordent la cote, malgré leur admirable position pour le commerce, sont inexploitées. La résine, la laine, la *poutargue*, aliment fait avec des neufs de poissons de mer, la *vallonée*, le *soumach*, sont les seuls produits de la Liapourie. Les Liapes vont dans les petites *scalomas*, anses de débarquement destinées aux chaloupes, échanger ces produits contre des armes, des draps grossiers, des manteaux, venus de la Calabre. Tous les châteaux de cette côte sont occupés par des troupes du sultan, qui y vivent barricadées nuit et jour comme dans des couvents. Suivant l'exemple des chefs de palikares grecs, les gouverneurs, pour utiliser leurs soldats, les transforment en pâtres et leur donnent à garder des troupeaux de chèvres sur les remparts verdoyants de leurs donjons. Les Liapes, au temps de Skanderbeg, pratiquaient encore le catholicisme latin. Depuis, ils ont passé les uns au schisme grec, les autres à l'islamisme ; mais les traces de l'influence slave qu'ils avaient fortement subie se sont perpétuées dans les noms de leurs bourgades.

La principale rivière de la Liapourie est la Souchitsa, qui descend des monts Kimariotes. Cette rivière offre sur ses rives volcanisées d'abondantes mines de soufre, de bitume et de poix fossile, qui, exploitées depuis plusieurs siècles, deviennent de plus en plus productives et fournissent chaque année un chargement considérable à des navires venus de Corfou, de Malte et d'Italie. Les savants ont vu dans la Souchitsa et ses affluents, sur lesquels des gaz sulfureux s'enflamment souvent en temps d'orage, le *Nymphœum* de Plutarque, qui roulait des flots de feu à travers les champs sans porter le moindre dommage à la verdure. La plus abondante de ces mines de bitume se trouve à Selenitsa, près du village de Carbonaro, où la rivière des Liapes s'unit à la Voïoussa. Là s'élève une enceinte de ruines, de près de trois milles de circonférence, appelée du nom slavon de *Gradichta* ; on a cru reconnaître dans ces débris la florissante Byllis, que Néoptolème, roi des Myrmidons, fonda aux confins de l'Ilirie. Les archéologues retrouvent aussi Oricum dans Porto-Raguseo, appelé *Liman-Padicha* (port impérial) par les Turcs, qui semblent en avoir deviné l'importance. Ce vaste port, au fond d'un beau golfe, est le seul de la côte albanaise qui pourrait, comme station militaire, rivaliser dans l'Adriatique avec Cattaro. Porto-Raguseo n'est visité aujourd'hui que par quelques barques marchandes sans cesse exposées aux lâches surprises des Liapes, qui, n'osant être pirates ouvertement, tâchent au moins de faire échouer les navires afin de les dépouiller.

Le principal *phar* des Liapes est celui des Kimariotes, brigands pour la plupart dans les Acrocéraunes, ou corsaires sur les plages que domine le cap de Chimerium. L'acropole homérique de Kimara, au-dessous de laquelle des marchands grecs ont leurs magasins, leur sert à parquer leurs troupeaux et à recueillir leur butin. Après la ville de Kimara vient celle de Drimadès, voisine de Paleassa, l'antique Paleste, où aborda César dans une anse appelée aujourd'hui Kondami. Paleassa conserve l'enceinte pélasgique d'un *hiéron* où se trouvait, s'il faut en croire les archéologues, le terrible autel des Euménides. Cette plage, au dire des Liapes, est encore infestée par les *pagania* (loups-garous), qui courent la nuit portant des démons en croupe. Près de là, le vaste port romain de Panormos (Porto-Palermo) n'est pas encore entièrement ensablé et offre un débouché facile à la vallée de Delvino. Ce bassin, le seul de l'Acrocéraunie fui soit cultivé, et où le citronnier, l'olivier, le grenadier, croissent partout, pourrait devenir en d'autres mains que celles des Liapes un vrai jardin des Hespérides. La cité de Delvino s'élève au centre de ces campagnes délicieuses ; quoiqu'elle n'ait que six cents maisons, elle couvre l'espace d'une lieue sur le versant d'une montagne. Le *kastro* de Delvino, qui surmonte un mamelon isolé, où l'on ne peut gravir que par un sentier fort périlleux, est la résidence du pacha. Au bas de la fière demeure des beys, l'humble varoch renferme les boutiques grecques et le rustique palais de l'évêque. A quelques lieues de Delvino, un pont ogival, qui de loin semble un arc de triomphe, s'élève dans le désert sur le torrent de la Pistritsa au milieu d'énormes tas de ruines appelées Pheniki. Là comme à Nicopolis, parmi les plus élégants débris de l'art grec, se trouvent des piliers octogones et des chapiteaux gothiques du temps de la domination normande : Phenice, que Polybe déclare une des principales métropoles d'Épire, existait donc encore quand les barons français apportaient dans ces régions les institutions latines.

Du côté de l'Épire, la bicoque féodale d'Agios-Vasili (Saint-Basile) marque la limite de l'Acrocéraunie. Du côté du Corfou, les Liapes ont pour boulevards les dangereux écueils qui hérissent la côte de Butrinto (l'antique Butrotum). L'archéologie trouverait une riche moisson à faire dans l'acropole pélasgique de Butrotum, dont le double rempart protège un amas confus de débris païens, chrétiens, mauresques, byzantins, normands, inexplorés jusqu'à ce jour. Cette acropole, s'élève dans le désert, non loin du port actuel de Butrote ou Gerovoglia, que les Vénitiens, et leurs successeurs les Français de la république, occupèrent, sans s'inquiéter des campagnes environnantes, où ils laissèrent errer les pâtres : il leur suffisait de garder militairement un fort triangulaire, bâti au-dessus de leur comptoir, qui est maintenant la douane turque. Quel artiste généreux se dévouera à venir dessiner tant de monuments inconnus ?

Quoique appartenant de nom aux Djamides, la côte qui s'étend de Butrinto à Prevesa est à peu près grecque. Des tribus helléniques indépendantes y florissaient naguère ; celle des Philatis (*associés*) exploite toujours le vallon de la Kalamas (Thyamis), dont elle occupe les deux rives jusqu'à Keracha, bourgade et petit port qui sert de débouché industriel à cette tribu paisible et laborieuse. Les Philatis ont fait de leur territoire une petite oasis ; les champs de millet, de riz, de maïs, de tabac, s'y montrent entrecoupés de jardins que traversent dans tous les sens des tranchées entretenues par les eaux de la Kalamas. La cité de Philatis était encore, il y a trente ans, ornée de beaux aqueducs et de nombreuses fontaines ; étagée sur un mont très élevé, elle formait autant de rues qu'il y avait de phars différents dans la tribu. Maintenant cette ville est un amas de ruines. Dans le vallon de la Kalamas débouche celui de Kourendas, qui conserve au lieu dit Paleo-Kastra les restes imposants de Passaron, capitale de l'Epire au temps de Paul-Émile.

Les Philatis étaient parvenus à grouper autour d'eux un grand nombre de communes indépendantes, telles que Gomenizza, avec sa petite baie entourée d'écueils, mais où les vaisseaux de guerre trouvent un mouillage sûr, -l'antique Sayadès, dont la rade étroite domine le canal de Corfou, — Margariti abritée par ses montagnes, — Paramythia défendue par des pâtres féroces, et la ville de Loroux avec sa ceinture de remparts escarpés. Ces petites républiques étaient confédérées avec celle de Parga qui, en cas de revers, servait d'asile à leurs citoyens. Parga, bien qu'elle ne comptât qu'une population de huit mille âmes, était puissante par son unité, son commerce et la position de sa forteresse. Cependant, pour mieux résister aux Turcs, elle avait dû, en 1447, reconnaître le protectorat de Venise, qui depuis lors la défendit constamment, et força huit fois les Osmanlis à en lever le siégé. Ces tribus, encore indépendantes à l'entrée de notre siècle, ont perdu aujourd'hui toute existence municipale. Leur industrie et leur commerce ont partagé la ruine de leurs institutions ; les marécages reprennent peu à peu sur leur territoire la place des champs cultivés, et contre les fièvres d'été les paysans n'ont plus d'autre remède que la fuite. Quittant leurs huttes, devenues d'humides étuves, ils vont camper dans les pâturages, où ils suspendent leurs lits aux arbres les plus élevés pour mieux se préserver des exhalaisons de la terre, et recevoir les brises rafraîchissantes du ciel.

Un sentier qui serpente au-dessus d'affreux précipices conduit de la ville ruinée de Loroux à Souli. Ici déjà la langue grecque, qui partout résonne, avertit l'Européen qu'il touche aux dernières limites du pays des Chkipetars. Cependant Souli et ses environs font encore partie de l'Albanie officielle, et trop de souvenirs se rattachent à ces lieux pour que le voyageur puisse leur refuser son attention. Le pays de Souli, qui dut faire partie de l'antique Selléide, offre des ruines curieuses, celles de la cité de Pandosie, près du village de Sévasto, et les monuments bien conservés de Cassiopea, près des gouffres de Zalonbos, où se jetèrent héroïquement les femmes souliotes poursuivies par les Turcs. Situées à douze lieues de Janina, baignées par l'Achéron au lit rocailleux ; et voisines de phars indépendants d'une grande férocité, notamment de celui de Dervigniana, les montagnes de la Cassiopée étaient devenues un champ d'asile, une forteresse naturelle pour ceux qui voulaient se soustraire à la persécution des Turcs. Sous le nom de Souliotes, ces réfugiés y avaient construit une vingtaine de gros villages. Celui de Skouitia, au midi, gardait la seule gorge par laquelle ce canton fût accessible, et il la dominait tellement, qu'aucune troupe ennemie ne pouvait s'aventurer dans ce défilé sans être aussitôt écrasée. Parmi les autres villages, également assis au bord des abîmes ou sur des cônes escarpés, se distinguaient Mega-Souli, Agia-Paraskevi, Milos, Vounon-Zavrouchon, Laka, Kiafa, Tsagari. De légers ponts de bois unissaient entre eux tous ces postes, dont les Grecs actuels peuvent à peine indiquer l'emplacement. Le fort même de Paraskevia ou de Sainte-Vénérande a disparu. Le nouveau fort d'Ali-Pacha, inattaquable tant il est escarpé, élève seul sur ces monts déserts et barde le cours de l'Achéron, qui tourbillonne au-dessous du château, à huit cents pieds de profondeur. Outre les villages spécialement souliotes, il y en avait d'autres, en bien plus grand nombre, éparpillés autour de la montagne dans les vallées extérieures, délicieux asiles qu'embaument le myrte, le serpolet, la sauge, le thym, le haut laurier, le romarin, la mélisse chère aux abeilles, et le narcisse, dont les vierges grecques font leurs guirlandes. Ouverts de toutes parts et ne pouvant être défendus, ces hameaux de pasteurs étaient, au moindre bruit d'une invasion, évacués par les habitants, qui se réfugiaient avec leurs biens dans l'intérieur de Souli. Mais ce territoire, long de dix lieues sur deux ou trois de profondeur, manquant de sources et dépourvu de céréales, ne pouvait soutenir un blocus prolongé. Dès que le blocus devint possible, Souli dut s'attendre à périr. Les horreurs qui signalèrent la destruction de cette république forment un des plus affreux épisodes de l'histoire contemporaine, épisode digne d'Ali-Pacha et de ces gorges déjà maudites par l'antiquité (*infames scopuli Acroceraunioe*), où les Grecs avaient placé le sombre Érèbe, le Cocyte et l'Achéron.

Ce dernier fleuve, au sortir des passes de Souli, s'engouffre et se perd dans des cavernes, autour desquelles la vie, même végétale, semble près d'expirer. Ces vallées lugubres figuraient aux yeux des Grecs l'empire, d'Orcus et du Chaos ; l'Aïdonie, royaume de Pluton, suivant Homère, était la plaine des fantômes et des expiations. De nos jours, le canton de Paramythia porte encore le nom d'Aïdonie, et son acropole albanaise, bordée de canons turcs, fait toujours trembler les Grecs, comme aux temps où ils croyaient y entendre le cri des Euménides. Le gouffre qui parait avoir été l'Averne s'appelle maintenant la source de Saint-George : bondissante comme le coursier de l'archange exterminateur du dragon, cette cascade jaillit, aussi large qu'un fleuve, des flancs caverneux de la montagne, et, après une course de quelques lieues, se jette dans l'Achéron. Sorti des glaciers du mont Tymphé, l'Achéron ou la *rivière noire (Mavropotamos)* arrose en écumant le vallon de Kourendas, longe les *météores*(lieux hauts) de Souli, dont les rocs éblouissans se voient de la pleine mer, et disparaît enfin dans le marais achérusien. Ce marais entoure le village de Glykys-Limen, appelé par les Vénitiens Porto-Fanari, à cause de son fanal. Porto-Fanari était autrefois la ville sacrée de Pluton, et se nommait Ephyre ou Cichyre. Ceux qui changent le mythe en histoire prétendent que l'époux de Proserpine régna sur les Molosses, fut attaqué par les princes Thésée et Pirithoüs, les vainquit, et les enferma dans les cachots de Cichyre sous la garde de Cerbère. De là naquit, disent-ils, la fiction des enfers.

Ce petit port doit son nom actuel de Glykys à l'eau douce dont il est rempli, malgré le voisinage de la mer. On y remarque le couvent en ruines d'*Aï-Donati* (Saint-Donat), construit avec les pierres du temple d'Aïdoneus (Pluton), dont il reste encore sept belles colonnes en granit égyptien. Les pieuses théories grecques partaient de ce temple pour remonter le fleuve infernal, à travers le marais achérusien, dont les exhalaisons phosphorescentes, voltigeant encore la nuit sur ses eaux, justifient la peinture que faisaient les poètes des vagues enflammées du Phlégéton. La chapelle d'Apia-Glykys, *la sainte douce* (surnom grec de Marie), retentit aujourd'hui des louanges de la Vierge, qui a succédé à

Proserpine dans le culte des habitants de Cichyre. Enfin le Cocyte, affluent de l'Achéron, est retrouvé par les archéologues dans le torrent de Vava, qui descend des monticules de Margariti. On fait ainsi le procès au savant Meletius, qui, né à Janina, avait vu tout l'enfer homérique autour de sa ville natale : mais on oublie que d'autres lieux, décorés des mêmes noms, se trouvent près de Naples, et que les anciens avaient plus d'une porte pour descendre dans l'empire des morts.

Le fertile plateau qui termine l'Albanie grecque au-dessous du Pinde s'appelle encore *Champs-Élysées*. Là on peut savourer avec délices toute la poésie de la vie rustique, surtout quand les belles paysannes épirotes, parées des roses de mai, se répandent dans les bocages pour y célébrer par leurs danses l'épithalame de Flore et du Printemps. Parmi les villages des Champs-Élysées se remarquent Bonila, qui fut tout entier peuplé de pauvres Bulgares enlevés de leurs foyers par Ali-Pacha durant son expédition contre Pasvan-Oglou ; Rodostopos (le lieu des roses), et Protopapas, petit fort sur un roc aride, mais pittoresque. Cette magnifique plaine, d'une étendue de cinq à six lieues, est située entre le lac d'Orako et les contre-forts du Pinde, qui ne sont pas moins riants que l'Élysée. Si le despotisme laissait se développer librement les tribus de ces vallées, de belles cités ne tarderaient pas à y surgir ; le génie et l'activité grecs s'y réveilleraient avec une vigueur nouvelle ; les bosquets du Pinde et de l'Élysée redeviendraient, comme autrefois, le séjour d'une population heureuse et calme. Aujourd'hui le Grec n'y vit que dans la terreur, et, si les orages qui agitent toujours les chênes de Dodone ne le font plus frissonner, en revanche tout courage l'abandonne au seul bruit des pas d'un Osmanli. Toutefois, derrière ces Grecs timides, il y a les Grecs indomptés des monts Agrafa, et une armée conquérante serait mal reçue dans ces vallées. Les Thésée et les Pirithoüs nouveaux qui se hasarderaient dans l'Épire ne seraient pas mieux traités que leurs devanciers par les héroïques brigands du Cocyte et de l'Achéron. L'empire ottoman fût-il démembré, l'Albanie pourrait rester encore longtemps indépendante, car un gouvernement européen se résoudraient difficilement aux énormes frais de campagne nécessaires pour forcer dans leurs inaccessibles retranchements des montagnards naturellement rebelles à toute domination étrangère.

Section III

Faire l'histoire de la Chkipérie, ce serait donner la clé de bien des mystères qu'offrent encore les rapports mutuels des langues et des peuples de l'Orient européen ; mais qui pourrait écrire cette histoire ? Un seul fait se dégage nettement du chaos des annales albanaises c'est qu'à toutes, les époques le peuple chkipetar semble destiné à former le dernier boulevard des libertés gréco-slaves. C'est lui qui résista le plus longtemps aux Romains ; attaqué avant les Grecs, il ne céda qu'après eux. Jamais il n'a subi complètement le joug des sultans. Depuis que l'astuce ottomane l'a désorganisé, il tourne vers la guerre toute son énergie, et sur les champs de bataille il a été maintes fois la terreur de l'Orient et de l'Occident. On doit remarquer cependant que tous les grands hommes sortis du sein de la nation albanaise ont fini par devenir ou Slaves ou Grecs, et par léguer leur nom et leur gloire à l'une ou à l'autre de ces deux sociétés. Ce phénomène moral ne saurait avoir d'autre cause que la destinée primitive des Albanais, placés comme intermédiaires entre les deux grandes races de la péninsule classique.

Malgré tous les efforts des savants, la généalogie des Albanais est encore un problème. Si l'on s'en rapporte aux Mirdites, qui se croient la plus noble race du monde, et qui regardent les Français comme le plus glorieux peuple après eux, l'Albanais est frère de berceau du Français. Moins complaisante, l'histoire nous montre l'Albanie ancienne dans le Caucase, limitée au sud par l'Arménie, et à l'orient par la mer Caspienne, le pays des Chétechips et l'Ibérie, Épire caucasienne, actuellement nommée Grusie. La capitale de cette Albanie primitive se nommait Albanum ; elle occupait à peu près l'emplacement de la ville moderne de Bakou, et le Samour doit être le fleuve Albane des anciens géographes. L'importante cité de Ksamakhia, aujourd'hui Chamakhia, fut probablement la patrie des Djames. La tribu des Toxides trouvée en Mingrélie par le voyageur Chardin doit se rattacher aux Toskes ou Toxides d'Europe. Ptolémée semble déjà désigner les Albanais au second siècle de notre ère quand il parle des montagnards libres qui entouraient Albanopolis (Elbassan), et que Pline partage en douze tribus. Ces tribus, laissées dans un dédaigneux oubli par les géographes d'alors, étaient enclavées dans les populations de l'empire romain. Mais, étrangers à ces divisions officielles, les Mirdites, du haut de leurs montagnes, pouvaient sourire en voyant les prétendus maîtres du monde tracer des frontières idéales là où n'atteignait pas leur épée, et déclarer abolies des nationalités qui ne peuvent pas plus disparaître que les climats et les montagnes. Sous les empereurs grecs, les Mirdites continuèrent à vivre obscurs, sans autres lois que leurs mœurs, sans autres chefs que leurs vieillards, jusqu'au jour où l'apparition des Turcs les força enfin de se montrer sur la scène du monde.

Devenus maîtres de l'Albanie par la capitulation de Janina en 1431, les conquérants asiatiques virent bien qu'ils ne pourraient établir leur domination au milieu de ces tribus, s'ils ne provoquaient parmi elles la discorde et l'apostasie, afin d'opposer un jour des phars musulmans aux phars chrétiens. Cette politique réussit chez les Albanais du midi, civilisés et amollis par le luxe ; mais, dans les rudes montagnes de la Mirdita, toutes les tentatives échouèrent. Enfin George Castriote, surnommé Skanderbeg, se mit à la tête des Mirdites, qui commencèrent leur lutte immortelle. Pendant deux règnes consécutifs, ils battirent les Turcs en toute rencontre. Les historiens ont fait de George un roi puissant, qui gouvernait de vastes états ; en réalité, il ne possédait que Croïa, Lissa, Durazzo et la partie du Mousaché qui s'étend sur la rive droite du Berathino ; il n'était que le chef militaire d'une ligue de seigneurs latins, ducs, comtes et barons, devenus par les croisades maîtres de tous les forts de la Mirdita. Nous ne raconterons pas les prodiges de bravoure qui remplirent vingt-quatre années de la vie de Skanderbeg. Le souvenir de cette existence héroïque entoura de terreur et de respect le nom des Mirdites, et leur assura pour des siècles une indépendance, sinon reconnue en droit, du moins admise de fait.

La coalition des clans chkipetars fut rompue après la retraite de Skanderbeg ; mais l'attitude toujours ferme des Mirdites entretint chez les autres Albanais une noble ardeur pour l'indépendance. La grande ville de Janina maintint ses privilèges, et continua de s'administrer à l'intérieur comme une république ; ce ne fut qu'en 1716 qu'elle se vit pour la première fois soumise au *haratch*. Les tribus chrétiennes de la côte, soutenues par les Mirdites, et pourvues abondamment d'armes et de munitions par les Vénitiens de Corfou, transformèrent la tcheta en croisade, et depuis ce temps la petite guerre n'a plus cessé un seul jour. Pendant que les Mirdites bloquaient les Turcs dans les forteresses du nord, les phars de Kimara, des Philatis, de Margariti tenaient en haleine les Turcs de Janiria. L'ame de cette coalition maritime était le port de Parga adossé à la fameuse montagne de Souli. La république souliote devint de plus en plus puissante jusqu'à ce qu'Ali-Pacha crut enfin devoir diriger contre elle toutes les forces musulmanes de l'Albanie. Il ne réussit qu'après douze années de luttes à détruire les Souliotes ; leur chute entraîna successivement celle de toutes les tribus maritimes, et Parga elle-même fut vendue, en 1819, au pacha d'Épire par l'Angleterre.

Pendant que l'Albanie hellénisée voyait ses phars chrétiens subir le joug des tribus musulmanes et toskes, dirigées par Ali-Pacha, il se passait dans l'Albanie mirdite et septentrionale des scènes non moins tragiques, d'une portée sociale non moins vaste, et qui tournaient finalement à l'avantage des chrétiens. Pour avoir une idée complète de ces évènements auxquels l'Europe n'a fait aucune attention, quelque importants qu'ils fussent pour l'avenir de l'Adriatique et de la Turquie, il faut remonter jusqu'à la révolution française.

Joseph II régnait à Vienne, et tâchait d'exploiter à son profit l'élan des peuples vers l'indépendance. Les Mirdites cherchaient un nouveau Skanderbeg, et le visir de Skadar, Mahmoud-Basaklia, qui descendant du héros albanais, affectait un grand penchant pour les chrétiens, n'eut pas de peine à gagner la faveur des tribus mirdites. En 1786, l'Autriche proposa au visir Mahmoud de le reconnaître comme souverain indépendant de l'Albanie dès qu'il aurait reçu le baptême ; dès-lors il ne balança plus à se révolter, et, rassemblant tous les capitaines iliriens et mirdites, tant chrétiens que musulmans, dans un grand *sobor* (assemblée nationale) à Podgoritsa, il jura avec eux sur l'Évangile et le Koran de combattre jusqu'à la mort les ennemis de leur liberté. Un sénateur de Raguse, Bernard Caboga, vint féliciter et remercier Mahmoud-Basaklia au nom de sa république, et Joseph II lui envoya solennellement une énorme croix en argent massif. Mais, en même temps, à Stamboul, le grand moufti lançait l'anathème sur la tête du visir rebelle ; il le déclarait *fermanlia* (exclu à jamais du paradis des croyans). Le seraskier de Romélie partit avec trente mille Turcs et arriva, prompt comme la foudre, devant Skadar, où Mahmoud, qui ne l'attendait pas encore, avait à peine deux cents soldats. Fort de l'alliance des capitaines mirdites, Mahmoud s'enferma dans le Rosapha, espérant que ses amis ne tarderaient pas à commencer leurs tchetas contre l'armée envahissante. Son espoir ne fut pas trompé. Tous les pachas roméliotes, qui étaient accourus avec leurs troupes pour ravager la Mirdita où chacun d'eux avait son camp à part, furent attaqués le même jour et à heure fixe par les tribus mirdites. On eût dit de nouvelles *vêpres siciliennes* ; pas un Turc n'échappa ; ils furent expulsés même des petits forts qu'ils avaient possédés jusqu'alors ; et dont les garnisons périrent jusqu'au dernier homme, sous les coups impitoyables des Mirdites latins. De son côté, le visir Mahmoud réussit à brûler, au moyen de radeaux enflammés, la flottille turque qui, ancrée dans la Boïana, bloquait et affamait Skadar. Par une autre ruse de guerre, il se débarrassa également des deux mille Autrichiens que leur ambitieux empereur envoyait vers la Mirdita sous prétexte de la protéger. Ayant peu de temps après découvert les menées de l'agent impérial Brognard et de ses collègues, il les fit périr, et envoya leurs têtes à la sublime Porte, comme gage de réconciliation. Le divan fut heureux de voir Mahmoud *le noir* ou le félon si bien disposé à son égard. La victoire du rebelle fit lever l'excommunication : prononcée contre lui, et le visir triomphant resta assis au Rosapha comme un souverain sur son trône. Enfin sa mauvaise étoile et l'absurde haine des Mirdites latins contre les schismatiques le poussèrent en 1795 sur les Monténégrins, qui s'enfuirent devant lui jusque dans les gorges de Tsetinié, où ils le cernèrent, le firent prisonnier et le décapitèrent.

Ali de Janina avait habilement profité de la guerre faite par le sultan au Visir de Skadar ; il s'était emparé d'Ocrida, dont il avait massacré tous les habitants mirdites et iliriens pour les remplacer par des hommes dévoués à sa cause. Ocrida commande avec Metzovo les seuls défilés par lesquels on puisse pénétrer de Constantinople et de la Macédoine en Albanie. Maître de ces deux points, Ali put isoler la Mirdita, la travailler en tous sens par ses émissaires et y semer la discorde. Les Mirdites déjouèrent ses efforts, et Ali fut réduit à tourner ses espérances vers des intrigues de harem. En 1819, il maria la fille aînée de son fils Veli au nouveau pacha de Skadar, le jeune Moustaï ou Moustapha. Épirotes et Mirdites confondus célébrèrent à Janina ces fiançailles par des orgies barbares ; mais Moustaï ne quitta point Skadar et envoya chercher sa fiancée par un bey des Dibres avec huit cents cavaliers. Ayant réussi à conclure ce mariage, Ali comptait bien en recueillir les fruits, c'est-à-dire supplanter Moustaï et donner des chefs toskes aux Mirdites. Le ciel avait décidé au contraire que le jeune Moustaï hériterait de la puissance du *vieux lion*, et que les Mirdites succéderaient en Albanie aux Toskes abattus. Ali mort en 1821, il n'y eut plus aucun pacha en état de rivaliser avec Moustaï, et le gendre du tyran de l'Épire devint d'autant plus redoutable au dehors qu'il était plus aimé des siens.

La guerre qui se fit bientôt contre les Grecs causa une vive satisfaction aux Albanais. Ils employèrent mille ruses pour faire traîner les hostilités en longueur. C'est ainsi qu'ils épargnèrent Missolonghi, dont plus d'une fois ils auraient pu s'emparer. Cette ville leur servait, disaient-ils, de *saraf* (banquier). On ne peut calculer combien de millions ont été versés en Albanie par les cinq campagnes entreprises contre la Grèce. L'empressement avec lequel les Albanais couraient aux armes était loin d'ailleurs de déplaire au sultan. En se servant d'eux exclusivement pour ces expéditions, Mahmoud affaiblissait la race chkipétare, qui fut ainsi, cruellement décimée.

En 1828, les Russes promirent au visir de Skadar, s'il les secondait, de le reconnaître comme souverain de l'Albanie. Aussitôt, à l'instigation de Moustaï, les Mirdites et les Djègues musulmans s'insurgèrent contre les Turcs. Mais quand vint le traité d'Andrinople, où le czar ne faisait nulle mention de l'Albanie, Moustaï comprit qu'on l'avait joué. Les sacs d'argent du pacha d'Égypte, complice de sa rébellion, consolèrent bientôt Moustaï et lui permirent d'échapper au châtiment de la Porte, en soldant des chefs de bandes qui guerroyèrent pour lui. Moustaï avait un prétexte plausible pour tolérer ces bandes : la Grèce venait d'être pacifiée, et la soldatesque albanaise licenciée courait le pays en pillant les villages. La contrée fût devenue inhabitable, si les petits chefs ne s'étaient coalisés pour exercer au moins une certaine police militaire.

Bientôt cette oligarchie aboutit à un triumvirat qui se composait de Veli-bey, de Seliktar-Poda et de son gendre Arslan-bey. Ces trois chefs ne pouvaient malheureusement vivre d'accord. Gouverneur de l'Albanie centrale, le rusé Seliktar retenait sous lui les débris de la faction d'Ali et les phars toskes, indignés de la perte de leurs antiques privilèges, irrités d'ailleurs de se voir contraints, à leur entrée dans le nizam, de quitter leur chère foustanelle pour le pantalon à la *franca*. — Ennemi personnel de Seliktar, Veli-bey soutenait le sultan et les réformes, uniquement par haine de son rival. Il possédait Janina, Metzovo, Arta et le port de Prevesa. Cependant sa déférence aux ordres de la Porte n'était qu'un masque, et à Janina il tenait presque en prison le pacha de cette ville, Emin Sadrazem Zadeh, brillant jeune homme de dix-neuf ans, qui occupait la partie encore habitable du palais du *vieux lion*. Le parti de Veli était peu nombreux, et tous les patriotes avaient les yeux fixés sur Arslan-bey, le plus puissant des trois chefs. — Arslan, fils du *meuchardar* (garde-des-sceaux) d'Ali-Pacha, âgé de vingt-cinq ans, beau, brave, passionné pour la poésie et la gloire, avait acquis sa renommée dans une audacieuse tcheta qu'il avait poussée à la tête de cinq mille Albanais, jusqu'au cœur de la Grèce, pour délivrer par cette diversion les Turcs bloqués à Négrepont et dans l'Attique. Cet exploit lui avait valu le pachalik de Zeitouni en Thessalie. Mais les cinq mille klephtes qu'il commandait, et auxquels il ne refusait rien, commirent sous ses yeux de tels ravages à Kodgana, a Trikkala et dans plusieurs autres villes peuplées de rayas grecs, qu'en 1830 le divan se crut obligé de le déclarer *fermanlia*. Aussitôt après cette excommunication, le grand-visir partit pour Andrinople, où il convoqua tous les beys, ayans et spahis roméliotes, pour la campagne d'Albanie. De son côté, Mahmoud, pacha de Larisse, marcha à la tête de dix mille hommes contre les klephtes d'Arslan, et les défit. Arslan, qui n'occupait alors qu'un poste d'avant-garde hors des frontières albanaises, chercha dès ce moment à se rapprocher de sa patrie.

Les plus petits castels albanais étaient remplis de soldats insurgés ; ces forces disséminées se scindaient malheureusement en trois factions, dont chacune paralysait les deux autres. Un désavantage non moins grand pour l'Albanie, c'est que les chefs de ces factions étaient musulmans, et le visir de Skadar lui-même, seul moteur de tous ces troubles, n'osait embrasser le christianisme. S'il eût pu s'y résoudre, il devenait par ce seul fait prince indépendant de la

Mirdita et de la majorité des Albanais. Mais il demeura irrésolu, et les chrétiens, à l'approche du grand-visir Mehmet-Rechid-Pacha, n'eurent à se prononcer qu'entre les beys musulmans indignes et le gouvernement de la Porte. Ils optèrent naturellement pour la Porte, qui ne pouvait exercer sur eux qu'une tyrannie lointaine. Le grand-visir, secondé par les armatoles thessaliennes et les klephtes grecs du Pinde, n'eut pas de peine à détruire les rebelles. Ces derniers d'ailleurs, loin de se rapprocher en face du danger, marchèrent les uns contre les autres. Arslan s'avança pour occuper les défilés de Metzovo, et séparer ainsi Janina de la Thessalie, d'où cette ville tire ses vivres. Veli, à cette nouvelle, courut pour le prévenir et sauver sa position ; mais Seliktar-Poda, en insurgeant les Toskes, le menaçait par derrière, et Veli pouvait être pris entre deux feux. Ses propres officiers ne lui cachaient pas leur sympathie pour Arslan, que tous regardaient comme le héros de la nation. Ils affichaient hautement leur mépris pour les malencontreuses réformes du sultan, qui proscrivait les foustanelles et remplaçait la marmite des *ortas*, expressif emblème de la fraternité militaire, par le tambour, impérieux organe des volontés absolues. Veli ne répondait à ces sarcasmes que par un silence prudent. Enfin, ne voyant autour de lui que cinq mille volontaires, tandis qu'Arslan en avait réuni quatre fois plus, il crut devoir proposer à son rival une conférence, qui fut acceptée. Après une longue discussion, Arslan et Veli, se baisèrent au front, et, se tournant vers leurs troupes, s'écrièrent : Frères, la paix est faite ! De tous côtés alors, on déchargea les mousquets en signe de joie, et les beys des deux partis, se mêlant, formèrent une grande assemblée, où les raisons qui militaient pour la paix furent exposées et débattues en toute liberté. Le résultat de cette délibération fut qu'il fallait vivre unis. Aussitôt ces deux armées, parlant la même langue, se jetèrent en quelque sorte dans les bras l'une de l'autre, et, au lieu d'une mêlée furieuse, ce ne furent qu'embrassements fraternels.

L'union de ces deux partis parut un moment avoir porté ses fruits. Le divan accorda une amnistie complète à tous les klephtes, et réintégra leur chef Arslan parmi les vrais croyants et les bons citoyens. Cette amnistie n'était qu'un piège : la même fourberie employée contre Ali, le klephte-roi, devait se répéter sur une plus grande échelle contre ses successeurs. Pas un de ces braves ne devait échapper aux perfides menées des Osmanlis, acharnés fatalement à détruire dans cette race albanaise tout ce qui n'était pas chrétien. Mehmet-Rechid invita tous les beys et chefs de phars à venir sceller par un grand banquet, près de Monastir, leur réconciliation avec le gouvernement : conduits par Arslan et Veli-bey, ils y vinrent au nombre de quatre à cinq cents ; c'était l'élite de la population musulmane d'Albanie. La fête fut splendide ; à l'issue du repas, un orchestre militaire fit entendre des airs d'Europe, musique étrange pour ces beys chkipetars, tandis qu'autour d'eux se rangeait en carré sur deux haies, et comme pour leur faire honneur, un régiment de troupes disciplinées à la franque. Bientôt cependant les tambours battirent la charge. Arslan le premier s'aperçut du piège ; il cria, dit-on à Veli-bey : « Ami, nous avons mangé de la boue ! — Tout cela est de la tactique européenne, » répondit Veli avec une inébranlable confiance. Soudain une fusillade générale abattit cette brillante noblesse, et une charge à la baïonnette acheva ceux qui respiraient encore. Veli reçut dix-neuf balles ; le seul Arslan échappa en faisant bondir son petit cheval par-dessus les haies des soldats, mais le pacha Khior-Ibrahim, qui montait un coursier non moins rapide, le poursuivit, l'atteignit au bout d'une lieue, et le tua en combat singulier.

Les têtes de tous ces nobles klephtes, dernier espoir de l'Albanie musulmane, furent coupées, salées, et emportées par des Tatars à Stamboul ; leurs cadavres furent jetés aux chiens et, aux aigles. C'était pourtant les mêmes héros qui, par leur bravoure, avaient retardé de plusieurs années le triomphe et l'émancipation de la Grèce. Aussi la joie des Grecs fut-elle grande à la nouvelle de ce massacre : les mânes plaintifs d'un million d'Hellènes étaient vengés par la Porte elle-même, qu'une destinée fatale semblait pousser à dévorer, comme Saturne, ses propres enfants.

Tels furent les évènements de 1830 en Albanie ; l'année suivante n'eut pas une moindre importance politique. Le dernier des triumvirs chkipetars, Seliktar-Poda, était entré avec ses *boures* dans Janina deux jours après le massacre de Monastir. Il en avait chassé les partisans de Veli, après un combat livré de rue en rue, qui avait réduit une partie de la ville en un monceau de cendres, et, feignant un zèle ardent pour la cause de la Porte, il avait envoyé au grand-visir la tête de Mousseli, frère de Veli-bey. En même temps ce chef ambitieux avait mis le jeune pacha Emin en tutelle au kastro de Janina, dont il était maître ; aussi se croyait-il devenu l'*unique soleil* d'Albanie. L'attitude prise par Seliktar devait au contraire prolonger la guerre. Les deux seules villes de ce pays qui joignent à leur importance militaire une haute importance commerciale, Skadar et Janina, restaient interdites aux garnisons du sultan, et le grand-visir fut obligé d'ouvrir contre les Albanais une campagne régulière. Seize mille *tahtiki*[1] furent envoyés contre Janina, toujours regardée par le divan comme le point principal de l'Albanie ; ils eurent ordre d'isoler cette place de tous les forts qui pouvaient la ravitailler et surtout de la mer Ionienne. Tous ces forts capitulèrent successivement ; le vieux Seliktar lui-même, menacé à la fois par la famine et par le fer, ne dut son salut qu'à la fuite, et Janina reconnut le sultan. Les phars musulmans étaient dissous, tous leurs chefs avaient péri, et sans chefs ils ne formaient plus qu'une masse inerte.

Mais le divan, qui par la destruction des phars musulmans croyait avoir terminé la lutte, s'aperçut bientôt qu'il n'avait frappé à Monastir et à Janina que l'avant-garde de la nation albanaise ; il n'avait pas atteint les tribus chrétiennes qui allaient devenir le cœur de la nation et qui s'appuyaient sur le visir de Skadar, Moustaï, véritable roi du pays depuis la mort du *vieux lion*. Voyant égorger l'un après l'autre tous les petits chefs qu'il soudoyait, ce chef suprême sortit enfin en 1831 du nuage qui l'avait jusqu'alors dérobé à tous les yeux. Du haut du Rosapha, il déploya la bannière de son phar, et trente mille Djégues et Mirdites accoururent à cet appel, chantant leurs chansons guerrières et rappelant avec orgueil comment les sept cents coups de canon d'alarme de Dgelaldine, grand-père de Moustaï, avaient attiré près de lui sept cents fois cent Chkipetars, et comment ces braves avaient sauvé leur patrie d'une double invasion d'Ottomans et de Bosniaques. Les soldats de Moustaï comptaient bien à leur tour délivrer la terre blanche de ses tyrans étrangers ; aussi le pacha, plein de confiance dans ses carabines mirdites, ne craignit point d'aller au-devant de Mehmet-Rechid jusqu'à Prilipe, dont il s'empara. Cette ville n'est qu'à huit lieues de Monastir, où se trouvait alors le grand-visir, sans argent, sans vivres, sans munitions, et n'ayant que cinq mille jeunes recrues au milieu des belliqueuses tribus serbes, qui n'attendaient

---

1 Soldats tucs disciplinés à l'européenne.

qu'un signal pour accourir au camp de Moustaï. Si le visir des Mirdites eût marché droit sur Monastir, où l'appelaient des milliers de partisans secrets, il eût peut-être anéanti la domination turque en Europe ; mais il s'arrêta quatre jours entiers pour prendre du repos, jouir des bains et des fêtes slaves de Prilipe, qui devint ainsi la Capoue de cet autre Annibal.

Le temps que passa Moustaï à Prilipe ne fut pas perdu par l'actif Mehmet-Rechid, qui convoqua tous les beys macédoniens à Monastir, et leur prouva sans peine que l'esclavage russe les attendait, s'ils continuaient d'aider par leurs révoltes au démembrement de l'empire. Émus par son éloquence, les beys jurèrent de vaincre sous lui ou de mourir. Alors, se tournant vers les primats grecs, Mehmet leur fit comprendre que l'occasion de se venger de leurs rivaux, les Chkipetars, n'avait jamais été si belle, et qu'ils n'avaient besoin pour cela que de lui payer une somme suffisante pour quelques jours de campagne. Jamais des Grecs ne laissèrent sans réponse un appel à leur patriotisme. Bien qu'épuisés par dix années d'avanies, ceux de Monastir coururent supplier leurs femmes, qui donnèrent généreusement leurs colliers de ducats, leurs bracelets, leurs bijoux héréditaires ; au bout de quelques heures, 250,000 piastres furent apportées au grand-visir. Il n'en prit que 100,000, rendit aux Grecs le reste de leur présent, et, sous prétexte d'une revue, conduisit ses troupes hors de la ville dans la direction de Prilipe. Il les mena en avant jusqu'au soir, puis, s'arrêtant, il leur cria : Enfants, la revue aura lieu demain à l'aurore dans Prilipe ! En effet, s'étant approché de cette ville à la faveur des ténèbres, il surprit au soleil levant les Albanais qui dormaient épars, et dont les six pachas se livraient avec Moustaï au plaisir du bain. Bien supérieurs en nombre aux Osmanlis, les Mirdites et les Djègues se rangèrent spontanément en bataille et attendirent l'assaut ; mais bientôt, voyant la mitraille éclaircir leurs rangs, ils poussèrent des hurlements de rage, jetèrent leurs fusils, et se précipitèrent avec leurs atagans sur les lignes de baïonnettes des *taktiki*. Ajustés à bout portant par ces derniers, ils tombèrent en foule ; tout ce qui survécut prit la fuite et ne s'arrêta que dans les défilés de Babussa. Là les guerriers albanais en foustanelles se retranchèrent et attendirent pendant dix jours les recrues ottomanes en pantalons et à fusils armés de baïonnettes. Les recrues parurent enfin ; mais les divers assauts qu'elles donnèrent aux rochers fortifiés échouèrent devant les fusillades des Mirdites postés dans un couvent qui dominait ce défilé. Les *tahtiki* ne voulaient plus se battre ; quant aux irréguliers, mécontents du nouveau système stratégique, ils allaient forcer le grand-visir à une fuite honteuse, lorsque trois cents palikares grecs et chrétiens de l'Épire vinrent lui proposer de s'emparer du couvent ou de mourir en luttant contre les ennemis de leur race. Spartiates d'un nouveau genre, les trois cents braves, salués par les cris de toute l'armée, gravirent la montagne, et, sous une grêle de balles, s'emparèrent du monastère. Excités par cet exemple des vieux guerriers de l'Orient, les *taktiki* s'élancèrent à leur tour vers les hauteurs d'où les Djègues les défiaient. Après une horrible mêlée, le camp djègue fut pris, mais la perte des vaincus était moindre que celle des vainqueurs. Ceux-ci, trop décimés, n'osèrent attaquer les retranchements des Mirdites, qui profitèrent de la nuit pour faire retraite.

Le vieux Moustaï était resté durant toute la bataille couché sous une tente magnifique, qui avait appartenu à un sultan, et que son grand-père avait conquise ; entraîné par les fuyards, il mit le feu à cette riche tente, et partit au galop pour Skadar, où il s'enferma dans le Rosapha. Pendant ce temps, Mehmet-Rechid souillait sa victoire, en accordant comme récompense à ses soldats le pillage de Kiouprili. Il ne restait plus, il est vrai, dans cette ville que les femmes chkipetares et le vieux cadi, qui se reposaient, les unes sur l'inviolabilité du harem, l'autre sur l'inviolabilité de sa charge ; mais les femmes furent déshonorées dans leurs harems orientaux par les *taktiki*, et le cadavre du cadi fut traîné dans les rues. Indignés de ces scènes d'horreur, les trois cents Epirotes demandèrent et obtinrent, pour prix de leur courage, d'aller défendre contre ces troupes un village grec voisin de la ville ; la défense de ce village, contre leurs anciens camarades, leur coûta plus d'hommes qu'ils n'en avaient perdu à l'assaut même du couvent. L'armée s'achemina enfin à travers la Mirdita, où les chrétiens, intéressés à laisser les musulmans s'entredétruire, laissèrent libres tous les passages, et au milieu de l'hiver Skadar se trouva bloquée. Le débonnaire Moustaï avait perdu ses goûts belliqueux ; il apprenait le français, et croyait au-dessous de lui de lutter comme un barbare. Il capitula donc et mérita sa grâce en dévoilant les plans du vice-roi d'Égypte, qui soldait tous les rebelles d'Albanie, et avec son or faisait ainsi, loin de son territoire, la guerre au grand-visir, impatient de marcher vers le Nil. Gracié, mais destitué, le vieillard partit pour Stamboul, et au printemps de 1832 les *taktiki*, en pantalons à la franque, montèrent, au grand scandale des Mirdites, l'escalier sacré du Rosapha.

Ce grand événement fut le signal d'une transformation soudaine pour l'Albanie Au nom de la civilisation européenne, le vainqueur décréta la destruction par la mine de tous les donjons féodaux du pays ; de Skadar à Janina et d'Arta à Durazzo, tous les vieux remparts sautèrent. A la vue des débris fumants de leurs koulas, les châtelains musulmans dépossédés disaient, les larmes aux yeux : « Notre temps est passé ; Dieu seul est grand ! » et ils mettaient des livres français aux mains de leurs enfants pour assurer leur avenir dans le nizam, croyant leur donner par là le secret de l'ère nouvelle qui commençait pour l'Orient. Le grand-visir rêvait des réformes utiles ; il régularisa les impôts, promit aux rayas chrétiens qu'ils ne paieraient plus annuellement que soixante piastres par ménage, que leurs villages s'administreraient eux-mêmes, sans l'intervention des musulmans. Mais, pendant l'année qu'il employa à réorganiser l'Albanie, la Syrie tomba au pouvoir du vice-roi d'Égypte. Appelé trop tard contre lui, Mehmet-Rechid passa en Asie avec une foule d'Albanais, trouva l'armée ottomane déjà démoralisée, fut vaincu et fait prisonnier. Ses vieilles bandes, dont il était adoré et qui l'appelaient leur *papa*, le pleurèrent sans pouvoir le venger, et avec le vainqueur des Chkipetars s'éclipsa probablement pour toujours la fortune des Osmanlis.

Dès la fin de 1833, tout l'ordre factice importé en Albanie par le grand-visir avait disparu, et en 1834 l'anarchie recommença plus terrible que jamais dans ce malheureux pays, qui en vint à regretter les *temps prospères* d'Ali-Pacha. Au moins alors n'avions-nous qu'un tyran, disaient les Toskes ; que Dieu nous le renvoie, et nous baiserons avec amour la poussière de ses pas. Les Chkipetars hellénisés du sud furent réduits à s'appuyer sur le nouveau royaume de l'Hellade, incomplet sans l'Épire et les montagnes thessaliennes, que les patriotes grecs appellent leurs *limites du Rhin*. Agitée par les Hellènes, l'Albanie se souleva donc en 1835 ; et si cette vaste trame insurrectionnelle, dont les principaux fils sont encore un mystère, avait trouvée moindre appui dans le gouvernement grec, nul doute qu'Othon n'eût été à Janina proclamé souverain de l'Épire. Ce petit roi, encore mal affermi, craignit de se compromettre auprès du sultan, et la révolte des chrétiens d'Albanie fut étouffée ; mais elle avait révélé un fait nouveau, un changement de rôle : ce n'étaient plus les musulmans qui dirigeaient le mouvement national, c'étaient les chrétiens grecs et mirdites. On ne parlait plus des Toskes ; les rassemblements de klephtes en Toskarie, qui interceptaient les routes et inquiétaient Berath en 1836, n'eurent aucune importance politique.

II n'en fut pas de même des révoltes mirdites et iliriennes de 1839 et 1840, durant lesquelles le nizam turc fut battu à plusieurs reprises. Les beys musulmans de Prisren, d'Ipek et de Pristina, s'étant coalisés en cette occasion avec les chrétiens, la Porte crut pouvoir exploiter fanatisme des Mirdites latins, et invita leur prince Nikalo à mériter les faveurs du sultan par une campagne contre les mahométans de Prisren. Les Mirdites refusèrent de marcher contre leurs alliés, et peu de temps après une tentative d'assassinat eut lieu dans les Dibres sur le jeune Nikalo. Ce lâche attentat effraya et désorganisa les chefs dibrans, qui se divisèrent ; plusieurs opinèrent pour la soumission et livrèrent au gouverneur de Romélie les deux principaux meneurs de cette guerre, qui furent aussitôt déportés en Anatolie. La Mirdita parut, sinon soumise, au moins pacifiée, à l'exception des Mirdites voisins du Monténégro, qui restèrent engagés dans une lutte sanglante contre cette république. En 1839, les Monténégrins ravageaient par leurs tchetas tous les environs de Skadar. Une seule de leurs bandes rapportait de Hotti six cents têtes humaines, avec un troupeau de mille bœufs, et les malheureux habitants de cette ville, pour échapper à de nouvelles razzias, demandaient à grands cris et obtenaient leur incorporation avec le Monténégro. L'année suivante, plusieurs fortes tribus mirdites suivaient l'exemple de celle de Hotti, et le Monténégro commençait le démembrement de l'Albanie. Depuis ce jour, la discorde est allée croissant, et les Monténégrins deviennent de plus en plus pour l'Albanie de menaçants protecteurs. L'anarchie semble un vice inhérent à la constitution de ce pays, et une constitution impuissante à concilier l'ordre avec la liberté finit par apporter le découragement à toutes les âmes, en affaiblissant peu à peu le culte de la patrie. C'est ainsi que les nationalités tombent, et la race albanaise va se fondant de plus en plus avec les races voisines.

Section IV

La destruction des beys musulmans, en 1830, fut pour l'Albanie ce qu'avait été pour tout l'empire d'Orient l'extermination des janissaires. A partir de ce jour, les rayas purent respirer, et îles tribus libres de la Mirdita n'eurent plus à craindre d'aussi fréquentes tchetas de la part des musulmans. Délivrées de l'oppression des beys, ces tribus, n'ont pas tardé à devenir envahissantes. Les Doukagines, trop voisins de Skadar, et les Malisors-Klementi, placés trop près du Monténégro, sont seuls restés stationnaires. Mais les Dibrans ont élargi d'année en année leur confédération, et, en 1840, ils ont fraternisé avec les Serbes schismatiques de Bosnie, comme leur intérêt bien entendu le leur conseillait depuis longtemps. Aujourd'hui les Albanais de Roujaï, Glougovik, Souodol, Ougrelo, Dougopolié, sont tout-à-fait libres, et ne reconnaissent d'autres chefs que les vieillards qu'ils ont élus. La plupart ne paient aucune espèce de taxe, et ne permettent à aucun Turc d'habiter sur leur territoire ; d'autres, plus exposés aux razzias des pachas, consentent à leur payer un léger tribut et à recevoir un de leurs officiers, qui, sous le nom d'*ayan*, réside dans leur village ; mais ce délégué ne jouit d'aucune autorité, et le plus souvent il est gardé à vue par les indigènes. Ainsi, l'*ayan* placé à Gousinié par le visir de Skadar n'a pas même le droit d'entrer dans cette petite ville ; il est forcé de demeurer hors des murs. Les Malisors catholiques présentent leur totale exemption d'impôts comme une récompense du sultan Amurat, qui les affranchit à perpétuité pour une grande victoire qu'ils lui avaient fait remporter sur les Slaves. En résumé, presque tout le nord de l'Albanie est ou déjà libre autant et plus que la Serbie, ou en travail pour le devenir.

Quant à l'Albanie du sud, si l'on en excepte le pays des Liapes et du Pinde, elle ne renferme que des tribus hellénisées. Ces tribus de schismatiques ont eu souvent à soutenir des luttes atroces contre leurs frères catholiques, et, quoique les Mirdites portent la croix grecque sur leur étendard, ils ont poussé la haine des Grecs jusqu'à s'allier avec les Turcs contre les phars épirotes. Bien différens des autres Albanais, les Mirdites n'ont de sympathie que pour les Francs ou les catholiques d'Occident, leurs coreligionnaires : à ceux-là seulement ils témoignent une confiance sans bornes ; aux autres chrétiens ils accordent à peine l'hospitalité pour une nuit. Cette fatale scission religieuse fait que, même réunis sous une bannière commune, les Mirdites et les Albanais schismatiques ne cessent de s'éviter et de se nuire. Durant la guerre contre les Grecs, ces haines intestines ont été funestes aux Chkipetars, dont elles ont plus d'une fois causé la déroute.

Unissant la ténacité slave à l'exaltation albanaise, les Mirdites ont fini par triompher de leurs rivaux, les Albanais hellénisés ; fort aujourd'hui d'au moins cent cinquante mille âmes, ce petit peuple est devenu le nerf principal de l'Albanie, parce que, grâce à la sévérité des mœurs, toutes les familles y étant à peu près également riches, également nombreuses, une démocratie unitaire et patriarcale est plus près de s'établir dans la Mirdita que dans le reste du pays. Mais ce serait pour leur ruine que les Mirdites s'obstineraient à tout attendre de l'Occident. Leur impuissance trop prouvée à former une nation particulière et distincte leur fait un devoir de se confédérer avec leurs voisins, qui autrement les asserviront tôt ou tard. Les Mirdites n'ont point d'ailleurs pour les Slaves l'absurde antipathie qui les éloigne des Grecs. Quoiqu'ils parlent toujours la langue chkipetare, le voisinage de la Bosnie et du Monténégro les a rendus à demi Slaves, et ils connaissent presque tous le dialecte ilirien. Malheureusement leurs missionnaires latins les poussent aujourd'hui à de fréquentes razzias contre les Slaves schismatiques. Autrefois, schismatiques et catholiques vivaient entre eux sur un pied beaucoup plus amical que dans notre siècle de lumières et de tolérance. Le père Lequien[1] raconte qu'en 1649 les évêques de Lissus et de Croïa, ayant réuni leurs diocésains, allèrent délivrer le Monténégro, bloqué par les Turcs, qu'ils taillèrent en pièces. Au fond, il y a entre les Mirdites et les Slaves iliriens de grands rapports de mœurs ; la langue actuelle des premiers semble même plus être qu'un mélange confus de slavon, de grec et d'italien. Le rite latin est l'unique motif de séparation entre eux et les Serbes. Or, la religion peut-elle longtemps être un sujet de discorde quand

---

1 *Oriens christianus*, à l'article *Lissus oppidum* (Alessio).

il s'agit de s'unir pour vivre libres ou de mourir par l'isolement ?

Les rapports qui existent actuellement entre les Mirdites et les serbes du Monténégro rappellent à plus d'un titre ce ceux des Maronites avec les Druses du Liban. Comme les catholiques de Syrie, les Mirdites, confédération militaire décimée par des luttes intestines, se voient atteints par l'influence envahissante d'une nation également guerrière, qui, démocrate dans ses foyers, tend à former chez ses voisins plus faibles une aristocratie de braves. Mais ces braves ne sont pas, comme au Liban, une secte mahométane, ce sont des chrétiens, seulement révoltés contre le pape. D'autres liens existent encore entre les Mirdites et les Monténégrins : Les terribles schismatiques de la *Montagne noire* donnent à leur prince évêque le titre de métropolite de Skadar, en témoignage de l'union qui exista et qui doit renaître entre leur pays et la Mirdita. Il paraît même qu'à cause de cette alliance avec les *noirs* ou rebelles du Monténégro, les Mirdites furent longtemps considérés comme des Albanais noirs ; et peut-être ne furent-ils en effet d'abord que des esclaves insurgés contre leurs premiers maîtres, les *blancs* ou Albanais purs, et réfugiés chez les Slaves. Quoi qu'il en soit, placés maintenant sous la pression croissante du Monténégro ; il ne leur reste plus, pour conserver leurs antiques privilèges, d'autre ressource que de se confédérer franchement avec les schismatiques, aujourd'hui qu'ils peuvent encore le faire presque d'égal à égal. Mais le temps presse, les Slaves grandissent en Orient : encore quelques années, et ils sommeront peut-être les Mirdites latins de se rendre sans condition.

Ainsi les Albanais sont menacés de disparaître du rang des peuples, puisque, d'un côté, ceux du nord retournent d'eux-mêmes à l'Ilirie, pendant que ceux du sud tendent à se confondre avec la Grèce. Le cours naturel des évènements a déjà presque réuni l'Épire à la Thessalie et à la Macédoine ; ces trois provinces, qui ont une histoire commune, ne forment plus qu'un seul corps moral, industriel, administratif. On ne reconnaît plus la turbulente Toskarie, naguère si dédaigneuse pour tous les maîtres, et dont les beys, comme Achille qui semble avoir été un de leurs aïeux, défiaient les héros de l'Hellénie et répandaient au loin la mort. Ces Djamides si beaux, qu'on rencontrait couverts d'armes dorées, et qui semblaient revenir de Troie en flammes ou d'une campagne glorieuse sous un autre Pyrrhus, tous ces poétiques guerriers sont maintenant avilis par le joug. Leurs femmes aux pieds si fins, au port si gracieux et si svelte, au regard si dominateur, languissent dans la misère, heureuses quand elles ne doivent pas s'atteler à la charrue en place du bétail que des pachas avides leur enlèvent chaque année. Nos pères, disent-elles, ont péché, et nous expions leurs fautes. Moins résignés, les hommes émigrent en foule ; leur compatriote Méhémet-Ali les attire comme un aimant vers l'Égypte, où ils formeront peut-être à la chute du vice-roi une nouvelle aristocratie de mamelouks parmi les indolents fellahs.

Le sang toujours bouillant des Albanais semble perdre son action destructive dès qu'il entre dans une autre nationalité. Au lieu de l'anéantir, il la ranime, la féconde, et agit sur elle comme une sève nouvelle sur un arbre desséché. Tels ont, du moins paru les Djamides dans le Péloponèse et l'Attique, et dans les îles arides d'Hydra et de Spezzia, on ils ont eu quelque temps des comptoirs maritimes rivaux des plus florissantes places de la Méditerranée. A la vérité, leur langue s'est perdue dans ces îles ; mais ceux des provinces continentales de la Grèce parlent encore le dialecte chkipetar, tout en vivant fraternellement avec les Grecs et en obéissant aux mêmes lois qu'eux.

Quelles que soient les destinées qui attendent la race albanaise, son territoire demeurera toujours d'une importance capitale pour le commerce maritime. C'est ce que la France avait senti dès le règne de Louis XIV ; ce monarque fut le premier qui dota Janina d'un consulat-général, avec des vice-consulats dans les villes environnantes. Le vice-consul de Sayadès, Garnier, qui trace un tableau détaillé de Janina dans ses lettres écrites à la fin du XVIIe siècle, compare cette place de commerce à Marseille. Au XVIIIe siècle, le port de Toulon tirait presque tous ses bois de l'Épire ; nos plus beaux navires de guerre étaient construits avec les chênes de ce pays, bien plus secs et meilleurs que ceux de la Baltique. Les bûcherons souliotes et zagoriates de l'Arta s'enrichissaient au service de nos constructeurs, ils ne juraient plus que par la France, et n'obéissaient qu'à elle ; les Turcs voulurent sévir, et les Albanais commencèrent contre eux une guerre de klephtes qui ne se termina qu'en 1737 par l'entremise du consul de France, Dubroca. Son successeur à Arta, l'audacieux Boulle, éleva un comptoir français à

Avlone, en remplacement de celui de Durazzo, pillé et brûlé en 1701 par des corsaires slaves au service de Venise. Boulle conçut pour notre commerce en Albanie de vastes et magnifiques plans. Durant la disette de 1741, il put même soulager le peuple de Paris en lui envoyant des grains de l'Épire ; mais, s'étant, par cet acte généreux, obéré de dettes que le ministère français refusa misérablement de payer, Boulle n'eut, pour échapper à la justice turque, d'autre ressource que de se faire musulman. Bientôt le remords s'empara de lui, et en 1762 une lettre du renégat, écrite de Ténédos, annonça au roi de France qu'il allait chercher le martyre. L'infortuné se rendit en effet à Stamboul, et, pour redevenir chrétien et Français, il abjura l'islamisme en présence du divan, qui le fit décapiter ; puis son corps fut rendu à ses premiers compatriotes. Où trouver dans notre histoire un sujet de drame plus complet et plus beau que la vie de ce grand homme obscur, dont les Grecs ont mieux que nous gardé la mémoire ? Un certain nombre de mahométans, exaltés par l'exemple sublime de Boulle, se firent chrétiens ; les *phars* libres de l'Épire voulurent venger leur cher consul de France, et dans leurs invasions ils replantèrent le Labarum sur plusieurs montagnes où il ne flottait plus depuis longtemps.

La révolution vint et apporta un changement radical dans les rapports de la France avec la péninsule gréco-slave, qui échappa presque entièrement à notre influence. Actuellement le commerce de Corfou, de Trieste, de Gènes, exploite l'Albanie sans rencontrer de concurrence ; il en tire du bétail, des olives, du tabac, d'excellent miel, des peaux de chèvre et de mouton, des laines brutes, et de beau corail, dont la pêche est si lucrative, qu'au temps d'Ali-Pacha des Napolitains l'avaient affermée 60,000 francs par an sur la seule côte de l'Épire. De tous ces produits, la France ne reçoit presque rien sous son pavillon, si ce n'est quelques chargements de vallonée, de laines et de cordouans. L'importation, qui se composait de bonneterie française, de quincaillerie, de sucre, d'étoffes, est passée des Marseillais aux négociants de Trieste, dont les commis, au lieu des solides draps français, vendent à ces barbares les trompeuses étoffes d'Angleterre. Il n'est pas jusqu'aux marchands d'Ancône et de Messine qui ne fassent passer en Albanie les galons de leurs fabriques pour des galons de Lyon. Venise vend encore aux Albanais, comme avant sa chute, les fusils et les pistolets de

Brescia, à crosse mince, à marqueterie élégante. Quant à sa poudre, l'Albanais la fabrique lui-même en famille.

La France ne devrait elle pas s'efforcer de reconquérir enfin quelques-uns des avantages que l'Albanie lui procura jadis ? La première mesure à prendre en ce cas serait la translation du consulat-général des Albanies de Janina à Skadar, ou parmi les Mirdites. On a suffisamment prouvé que la vraie capitale de ce pays n'est plus Janina, mais la cité slavo-mirdite de Skadar. Janina, et avec elle le consulat-général de France, sont, on peut le dire, bloqués par l'Angleterre, qui, assise sur Corfou, garde les issues du golfe d'Arta et toutes les côtes de l'Epire. On ne peut plus compter sur les brillants résultats que procuraient à notre marine les chênes de ces vallées. La France doit donc momentanément se détourner de l'Épire asservie vers la Mirdita, toujours libre. Notre commerce n'y rencontrera qu'une seule concurrence sérieuse, celle de l'Autriche, qui n'est pas en état de soutenir longtemps une lutte commerciale contre la France. La plupart des navires qui apportent actuellement à Marseille, sous le pavillon de Trieste et pour le compte des compagnies triestines, les produits albanais chargés par eux à Durazzo, à Avlone, et aux embouchures de la Boïana sont des navires slaves : pourquoi la chambre de commerce de Marseille ne s'entend-elle pas directement avec leurs capitaines, et ne prend-elle pas à son service quelques-uns de ces compatriotes des héros monténégrins ? Nul doute que notre industrie ne pût s'ouvrir dans ce pays d'importans débouchés, surtout si les deux lacs de Skadar et d'Ocrida, qui forment comme les deux pôles de la Mirdita, et qui sont les deux plus grandes nappes d'eau intérieure de la Turquie d'Europe, étaient mis en communication avec la mer. Déjà les vaisseaux caboteurs de cent cinquante tonneaux remontent la Boïana jusqu'à Oboti, deux lieues au-dessous de Skadar. Des bateaux à vapeur en fer, ou d'un très faible tirant d'eau, comme ceux de la Haute-Loire, remonteraient de là facilement jusque dans le lac même, où ils trafiqueraient sans intermédiaire avec les tribus indépendantes du Zeta, de Klementi, du Monténégro. Les deux Drins, le blanc et le noir, seraient également accessibles à de légers pyroscaphes, qui, s'ils arrivaient une fois dans le beau et profond lac d'Ocrida, jetteraient sur ses rives des germes de civilisation destinés à le faire devenir plus vite ce qu'il est appelé à être tôt ou tard, *le lac de Genève de l'Europe orientale.*

La Mirdita ne fut pas toujours aussi inconnue en France qu'elle l'est aujourd'hui. Le grand roi l'affectionnait et y envoyait de nombreux missionnaires. Ce ne fut qu'en 1717 que les continuelles révoltes des Djègues chassèrent de Durazzo le dernier consul français. Il légua en se retirant, à un agent de l'Espagne, le soin des missions catholiques, charge dont l'Autriche hérita, et dont elle est largement récompensée de nos jours par l'influence qu'elle exerce sur les Mirdites. Mais l'Autriche n'use de son crédit sur ces tribus que pour leur souffler la haine contre leurs voisins Grecs et Slaves, et pour amener leur ruine, dont elle saurait profiter. Cette ruine paraît inévitable, nous le répétons, si les Mirdites ne changent pas complètement leur politique tant intérieure qu'extérieure. Leurs vertus même, poussées à l'excès, les dévorent. Ainsi leur dédain pour le luxe les rend indifférents à tout accroissement de prospérité matérielle. Le Mirdite se trouve à son aise aussitôt qu'il a cent francs de revenu annuel ; dés-lors ; il ne prend plus la peine d'aller vendre ses denrées, et, au lieu d'exporter son maïs et son orge, il les enfouit dans ses *ambars* (greniers souterrains). Son amour exalté de la liberté n'a pas des conséquences moins fâcheuses : une tribu a-t-elle défriché et rendu habitable dans les montagnes une position de difficile accès, il lui vient aussitôt à la pensée d'y vivre indépendante ; les dangers qu'elle courra ne sont rien pour elle, comparés au plaisir de n'obéir qu'à ses propres vieillards. Si elle réussit à se clore et à s'affranchir de tout maître extérieur, son ambition se porte au dedans ; chacun veut être chef, les rivalités s'enveniment, et on en vient aux assassinats. Ces faits trouvent une triste preuve dans les meurtres qu'on a vu se succéder depuis cinq années au sein de la dynastie mirdite des Dodas. La vue de tant de forces mal employées, de tant de vertus qui demeurent stériles, fait saigner le cœur du voyageur. Il les voit tomber, ces tribus de héros, et ne peut, hélas ! ni ne voudrait, dans leur état actuel, retarder leur chute. A l'aspect des affreuses ruines que leurs tchetas étendent sans cesse, quelles tristes pensées m'accablaient ! Est-ce donc là le fruit de la liberté ? Et cependant la liberté est aussi indestructible, aussi éternelle que Dieu ; mais elle doit subir volontairement le frein de la religion, c'est-à-dire de l'amour. Aussi sentais-je en moi renaître l'espérance, quand j'entendais ces barbares dans leurs déserts chanter à la messe, célébrée en plein air, le symbole latin du christianisme, et le *cujus regni non erit finis* retentir si longuement, si plein de consolantes harmonies, au milieu de ces tribus qui s'éteignent, sous la voûte des forêts primitives dont la sève seule ne s'épuise pas.

Les malheurs dont ce peuple est menacé pourraient être conjurés par une direction plus pacifique imprimée à ses institutions. Les conflits sanglants qui éclatent chaque année entre les catholiques latins et les schismatiques grecs pourraient se transformer en une lutte purement morale, mais ce ne serait qu'à l'aide d'une intervention européenne, soit officielle, soit privée. Une société de spéculateurs philantropes qui se vouerait à cette œuvre en y portant de larges vues commerciales, et qui, étrangère aux haines héréditaires des tribus, apparaîtrait au milieu d'elles comme la tribu de la paix et du pardon, comme une nouvelle tribu *clémente*, succéderait dignement à celle des Klementi, devenus insoucieux de ce beau nom. En adoptant, avec la nationalité des Mirdites ; toute la partie encore saine de leurs mœurs, une telle société acquerrait bientôt en Albanie une grande autorité. La dynastie des Balsichides, qui régna plusieurs siècles à Skadar, à Zeta, à Durazzo, était issue d'une famille française émigrée, celle des seigneurs de Baulx ou Balsa, qui passèrent de Provence en Albanie pendant que Charles Ier occupait le trône de Sicile. Aujourd'hui encore, les Mirdites sont tout aussi disposés que jadis à reconnaître la puissance organisatrice de l'esprit français et à mettre à leur tête des enfants de la France, qui, nouveaux Cadmus, viendraient, armés de lumières, d'industrie et de courage, se dévouer sincèrement à la cause albanaise.

L'Albanie est certainement, de tous les pays soumis de nom à l'empire turc, celui où des hommes éclairés et entreprenants trouveraient le plus à créer. Tels qu'ils furent sous Alexandre, Pyrrhus et Skanderbeg, tels sont, ou plutôt tels seraient encore les Chkipetars, avec leur inflexible caractère s'il paraissait chez eux un héros qui sût réveiller leur enthousiasme. Dans la paix comme dans la guerre, cet enthousiasme ferait des prodiges, et la face de la péninsule gréco-slave serait bientôt changée sous son action puissante. Mais, à défaut de grands hommes ou de natures exceptionnelles, de simples missionnaires pourraient civiliser ces populations. Ce qu'ils ont déjà fait dans la tribu des Klementi, ils le feraient aisément dans toute autre. Il suffirait, pour cela, de quatre à cinq hommes déterminés et fraternellement unis, qui viendraient fonder dans la Mirdita, de concert avec les chefs de phars, quelques écoles et des établissements d'industrie et d'agriculture. On verrait alors des sentiments plus humains pénétrer ces âmes féroces. Jusque dans les montagnes de la Chimère, les rivaux acharnés apprendraient à connaître la pitié et les douceurs du pardon. Ces repaires des Liapes, que l'ancien Grec regardait comme la dernière région terrestre et le siège des ténèbres sans limites, ces Acrocéraunes où commençait le sombre et sauvage Occident, deviendraient alors comme un lumineux fanal entre l'Orient et l'Europe. Que de faits nouveaux se révéleraient à l'historien, dès que ces antiques tribus seraient mieux connues ! Quelle moisson de découvertes feraient les naturalistes, les archéologues, dans ces régions devenues d'un plus facile accès ! Quoi qu'il arrive de ces conquêtes de la science, espérons qu'au moins une vie morale plus haute commencera enfin pour les Chkipetars, et qu'ils ne se verront pas condamnés par notre indifférence à une éternelle barbarie.

ISBN : 978-1985688681